Internet glasklar

Einführung für Studenten

von
Prof. Jürgen Plate
Fachhochschule München

R. Oldenbourg Verlag München Wien 1997

Anschrift:
Prof. Jürgen Plate
Fachhochschule München
Dachauer Str. 98b, 80323 München
Email: plate@cublx1.cube.net

Die Deutsche Bibliothek - CIP-Einheitsaufnahme

Plate, Jürgen:
Internet glasklar : Einführung für Studenten / von Jürgen Plate.
- München ; Wien : Oldenbourg, 1997
   ISBN 3-486-23907-4

© 1997 R. Oldenbourg Verlag
Rosenheimer Straße 145, D-81671 München
Telefon: (089) 45051-0, Internet: http://www.oldenbourg.de

Lektorat: Ursula Killguß
Herstellung: Rainer Hartl
Umschlagkonzeption: Kraxenberger KommunikationsHaus, München
Titelfoto: Armin Feser
Gedruckt auf säure- und chlorfreiem Papier
Gesamtherstellung: R. Oldenbourg Graphische Betriebe GmbH, München

Der Einstieg ins Internet

Wie bekommt man einen Netzzugang?

Programme zum Zugriff auf das Internet gibt es natürlich an vielen Stellen im Netz. Aber um an diese Programme heranzukommen, müssen Sie zuerst einmal einen Zugang zum Netz haben. Studenten wenden sich an das Rechenzentrum der Hochschule oder an den DV-Beauftragten des Lehrstuhls. In vielen Fällen sind die für Studenten zugänglichen Rechner auch schon "netztauglich". Oft gibt es auch passende Grundpakete für den heimischen Rechner - sofern man einen Wählzugang des Hochschulrechenzentrums nutzen kann. Die Ausstattung ist manchmal üppig, manchmal spartanisch, auf jeden Fall sind die Basissoftware für TCP/IP und ein WWW-Browser (siehe Abschnitt 2.10) dabei.

Falls es keinerlei Internet-Zugang von der Hochschule aus gibt, bleibt nur die Suche nach einem lokalen Provider oder ein Online-Dienst wie AOL, CompuServe oder T-Online. Auch hier bekommt man passende Zugangssoftware und mindestens einen WWW-Browser. Mit dessen Hilfe kann man sich dann weitere Programme im Internet holen. Mehr über den Netzzugang können Sie in Kapitel 3 dieses Buchs nachlesen.

Ran an den Speck!

Die neuesten Browser-Versionen umfassen schon viele Dienste (siehe Kapitel 2), z. B. FTP, E-Mail und News, aber oft sind spezielle Programme für bestimmte Dienste komfortabler zu bedienen und manchmal auch schneller. Deshalb hat der Autor einen WWW- und FTP-Server eingerichtet, von dem nützliche Programme und Daten abgeholt werden können. Das sind Programme für Dos/Windows und Linux, die nicht nur für den Zugriff auf das Netz interessant sind, z. B. WWW-Browser, FTP- und Mailclients, Tools und Hilfsprogramme, sondern auch Programme, die beim Erstellen eigener WWW-Seiten helfen, z. B. Malprogramme, Grafikkonverter und Icon-Bibliotheken. Diese Programme sollen bei den ersten Schritten helfen; viele andere Programme findet man dann mit Archie (siehe 2.5) im weltweiten Netz. Außerdem ist auf dem Server auch eine (subjektive) Auswahl von Links in alle Welt angelegt, die beim ersten Browsen helfen soll und immer wieder aktualisiert wird. Den Server erreichen Sie für WWW und FTP unter der Adresse:

WWW: http://lx-lbs.e-technik.fh-muenchen.de
FTP: ftp://lx-lbs.e-technik.fh-muenchen.de

Die Verzeichnisstruktur ist übersichtlich gehalten, es beginnt alles im Verzeichnis 'pub' (für 'public'). Dort wird dann nach Anwendung und Betriebssystem verzweigt. So finden Sie z. B. die Internetprogramme für Windows im Verzeichnis /pub/windows/network. Am leichtesten geht das 'Saugen' der Dateien mit dem WWW-Browser: Sie müssen sich mit der Maus nur durch die Verzeichnisse klicken. In einigen Verzeichnissen gibt es auch Dateien mit einer Kurzbeschreibung der Programme, die '00readme' oder '00index' heißen und die Sie zuerst einmal ansehen können.

Inhalt

Hinweis

Die Informationen in diesem Buch werden allein zu Lehr- und Amateurzwecken und ohne Rücksicht auf die Patentlage mitgeteilt. Eine gewerbliche Nutzung darf nur mit Genehmigung des etwaigen Lizenzinhabers erfolgen.

Trotz aller Sorgfalt, mit der die Schaltungen und der Text dieses Buches erarbeitet und vervielfältigt wurden, lassen sich Fehler nicht völlig ausschließen. Es wird deshalb darauf hingewiesen, daß weder der Verlag noch der Autor eine Haftung oder Verantwortung für Folgen welcher Art auch immer übernimmt, die auf etwaige fehlerhafte Angaben zurückzuführen sind. Für die Mitteilung möglicherweise vorhandener Fehler sind Verlag und Autor dankbar.

Vorwort

*"Was man verstehen gelernt hat, fürchtet man
nicht mehr." Marie Curie*

Was ist das Internet? Was kann ich damit anfangen? Was nützt es mir?
Diese und ähnliche Fragen soll dieser Text, speziell auch den Einsteigern,
leicht verständlich beantworten - was nicht bedeutet, daß ich nicht an einigen
Stellen etwas in die Tiefe gehe. Wer will, kann die etwas technischen Passa-
gen überlesen. Entstanden ist dieses Buch aus Unterlagen zu Vorträgen und
Seminaren, die ich an der Fachhochschule München und anderen Stellen gehalten habe. Das Buch richtet sich daher auch primär an Studenten und
Hochschulmitarbeiter. Diese Einschränkung ist aber nur in sofern relevant,
als daß auf den Internet-Zugang nur am Rande eingegangen wird, denn der
o. g. Personenkreis hat in der Regel über das Hochschulrechenzentrum Zugang zum Netz der Netze.

An dieser Stelle möchte ich mich auch bei denen bedanken, die mir persönlich, über E-Mail oder in den News Tips und Anregungen zu diesem Text
gegeben haben. Auch die sehr umfangreichen Informationstexte des Leibniz-
Rechenzentrums haben Anregungen geliefert.

Die ersten drei Kapitel liefern wichtige Basisinformationen und sollen
durch die Erklärung von Aufbau und Funktionsweise dieses Verbundes von
Netzwerken auch Verständnis dafür wecken, "was geht" und was man besser
nicht machen sollte. Der Leser kann aufgrund dieser Informationen auch ab-
schätzen, ob eine Funktionsstörung am lokalen Rechner, im eigenen Netz
oder irgendwo in der großen weiten Welt liegt - etwa, wenn ein Rechner
nicht erreichbar ist oder die Daten nur durch die Leitung "tröpfeln". Natürlich können Sie beim Kapitel 2 auch einzelne Abschnitte überspringen, wenn
einige Dienste für Sie nicht so interessant sind.

Im vierten Kapitel geht es dann ans Eingemachte. Ebenso wie schon die
Abschnitte in Kapitel drei soll dieses Kapitel das Buch zu einen kleinen
Nachschlagewerk machen. Die Dinge die hier stehen, brauchen Sie nicht bei
den ersten Kontakten mit dem Netz, aber schon bald werden Sie merken, daß
beim Lesen von Mail oder News neue Fragen auftauchen. Etliche Antworten
habe ich im Kapitel 4 und auch im Anhang zusammengetragen.

Jürgen Plate, München

1 Internet - was ist das?

1.1 Internet

Das sogenannte 'Internet' ist in erster Linie eine technische Möglichkeit, mit vielen Partnern weltweit die unterschiedlichsten Informationen auszutauschen. Wie das genau geschieht, was technisch dahintersteckt und was man alles machen kann, soll hier ein wenig durchleuchtet werden.

Der Begriff 'Internet' bezeichnet im Grunde nur die Verbindung zweier lokaler Rechner-Netze zu einem größeren Verband. Alle Rechner des einen Netzes können mit allen Rechnern des anderen Netzes kommunizieren. Durch den Anschluß weiterer Netze entsteht so ein größeres Netz. Nimmt man ein Dosentelefon als Metapher (Sie erinnern sich noch? Zwei Konservendosen, die durch Schnur verbunden werden. Zieht man die Schnur straff, kann man über dieses Konstruktion telefonieren), ist das 'Internet' - stark vereinfacht - eine lange, weltumspannende Schnur, an der Millionen von Blechbüchsen hängen.

Dies hat zu einer weltweiten Vernetzung von Rechnern mit TCP/IP geführt, die unter dem Namen 'Internet' läuft. Es gibt jedoch niemanden, der für das Internet verantwortlich ist, vielmehr tragen die Betreiber der einzelnen Teilnetze Verantwortung für ihr Netz und die Verbindung zu einigen 'Nachbarn'. Jeder erbringt freiwillig auch Leistungen für das gesamte Netz (z. B. Weiterleitung elektronischer Post), die teils kostenlos sind, teils einer gegenseitigen Abrechnung der Leistungen unterliegen. Auf diese Weise kann man von jedem Rechner im Internet zu jedem anderen angeschlossenen Rechner gelangen.

Das Internet, wie es sich heute darstellt, ist ein Geflecht aus derzeit über 400'000 Netzen (Stand Anfang 1996). Es wird geschätzt, daß zur Zeit etwa 4 Millionen Rechner daran angeschlossen sind. In den letzten zwei Jahren fand etwa alle neun Monate eine Verdoppelung der Anzahl angeschlossener Rechner statt. Diese Geräte stammen etwa zu 40 % aus dem akademischen Bereich, zu ca. 35 % aus dem kommerziellen Sektor und der Rest wird von Regierung und Militär in den USA belegt. Diese an das Internet angeschlossenen Rechner sind in der Regel in lokale Netze (LAN = Local Area Network) eingebunden. Organisatorisch zusammengehörende LANs sind zumeist in regionalen Netzwerkverbunden organisiert, welche wiederum mindestens einen überregionalen Zugang besitzen, den WAN-Anschluß (WAN = Wide Area Network). Das weltumspannende Internet bietet so ein homogenes Erscheinungsbild, obwohl es technisch auf einem heterogenen Konglomerat an Netzwerken aufgebaut ist. Alle Rechner und Netze sind mit Hilfe sehr unterschiedlicher Technik miteinander verbunden. Lokale Netze benutzen oft Kabelverbindungen (Ethernet) oder andere Netze auf der Basis von Kabel- oder Glasfaserverbindungen. Für Weitverkehrsverbindungen können Modems (Telefonleitung), ISDN-Anschlüsse, gemietete Standleitungen, Glasfasern oder sogar Satellitenverbindungen verwendet werden.

Die Frage, wer nun zum Internet gehört und wer nicht, ist schwer zu beantworten. Bis vor einigen Jahren war die Antwort, daß jedes Gerät, welches die TCP/IP-Protokolle beherrschte und Verbindung zum 'Rest der Welt' hatte, zum Internet zu zählen war. Inzwischen wurden in anderen großen Netzwerken(Bitnet, DECnet, ...) Methoden entwickelt, um Daten mit dem Internet über sogenannte Gateways auszutauschen. Diese Techniken wurden inzwischen derart verfeinert, daß Übergänge zwischen diesen Netzwelten und dem Internet für den Benutzer oft unmerkbar vonstatten gehen. Offiziell ist nicht geklärt, ob diese Netze nun zum Internet gehören oder nicht. Ein Rechner wird allgemein dann als zum Internet gehörend angesehen, wenn:

* er mit anderen Rechnern über TCP/IP kommunizieren kann,
* er eine Netzadresse (IP-Nummer, siehe unten) besitzt,
* er mit anderen Rechnern kommunizieren kann, die eine Netzadresse haben.

Technische Definition: Als 'Das Internet' wird die Verbindung aller Rechner bezeichnet, die über das TCP/IP-Protokoll (Transmission Control Protocol/Internet Protocol, siehe 1.3) miteinander kommunizieren.

1.2 Entwicklung des Internet

Das Internet wurde 1969, also vor etwa 20 Jahren, aus einem Forschungsprojekt namens ARPANet geboren, das damals vier Rechner miteinander verband. Das Ziel dieses experimentellen Projektes war, ein Netzsystem zu entwickeln, das auch partielle Ausfälle verkraften konnte. Kommunikation sollte immer nur zwischen einem Sender und einem Empfänger stattfinden. Das Netz dazwischen wurde als unsicher angesehen. Jegliche Verantwortung für die richtige Datenübertragung wurde den beiden Endpunkten der Kommunikation, Sender und Empfänger, auferlegt. Dabei sollte jeder Rechner auf dem Netz mit jedem anderen kommunizieren können. Am Anfang sollten nur einige Forschungszentren miteinander verbunden werden. Das amerikanische Verteidigungsministerium war zwar nicht Initiator dieses Projekts (auch wenn dies oft behauptet wird), aber erkannte den Nutzen eines dezentralen Netzes, das auch noch funktioniert, wenn einzelne Knoten ausfallen und sorgte für finanzielle Unterstützung. Anfang 1980 wurde das Netz geteilt in ARPANet und Milnet. Das gesamte Netz bekam den Namen 'DARPA Internet', der später zu 'Internet' verkürzt wurde. Die weitere Entwicklung kann im Anhang, Abschnitt A.2, nachgelesen werden.

Warum war aber gerade dieses Netz so erfolgreich? Rechnernetze gibt es viele und Datenfernverbindungen auch. Das Internet basiert auf der Idee eines übergeordneten Netzes. Internet ist nichts, um Rechner miteinander zu verbinden (es gibt keine Internet-Steckkarten oder Internet-Kabel), sondern das Internet nutzt die bereits vorhandene Verbindungsstruktur. Die Verbindung der Rechner untereinander besteht bereits, z. B. durch ein Ethernet-Kabel, über Datex-P, über eine 2-MBit-Standleitung, über eine Satellitenverbindung oder auf eine beliebige andere Weise. Es wird also nur noch eine Software benötigt, die es ermöglicht, daß die Rechner sich untereinander verstehen. Also weg vom konkreten Kabelwirrwarr, hin zu einer Wolke, in der jeder mit jedem Verbindung aufnehmen kann. Womit eine zweite Eigenschaft des Internet zum tragen kommt. Im Gegensatz zu den bis dahin existierenden Netzen, bei denen immer eine durchgehende Kabelverbindung zwischen zwei Kommunikationspartnern nötig war, besteht hier nicht die Notwendigkeit, daß die Partner direkt verbunden sind. Es genügt, daß zwischen den beiden Rechnern irgendwelche Netze und Datenverbindungen existieren. Die Daten werden auch nicht als kontinuierlicher Strom, sondern in Form kleiner Datenpakete verschickt. Jedes Paket trägt eine Absender- und Empfängerangabe und muß sich seinen Weg in den Netzen suchen.

Mit diesen Vorgaben entstand die Internet Protokoll Spezifikation TCP/IP. Da etwa zur gleichen Zeit an der University of California an einem neuen Betriebssystem mit Namen UNIX entwickelt wurde, konnte diese Netzwerksoftware gleich fester Bestandteil dieses Betriebssystems werden. Ein weiterer Meilenstein beim Aufbau des Internet war die Gründung des NSFNET der National Science Foundation (NSF) Ende der achtziger Jahre, die damit fünf neu gegründete Super Computer Centers den amerikanischen Hochschulen zugänglich machte. Dies war ein wichtiger Schritt, da bis zu diesem Zeitpunkt Super Computer nur der militärischen Forschung und einigen wenigen Anwendern sehr großer Firmen zur Verfügung standen.

Parallel zu den Entwicklungen im ARPAnet und NSFNET arbeitete die ISO (International Standards Organisation) seit den achtziger Jahren an der Standardisierung der Rechner-Kommunikation. Die Arbeiten mündeten in der Definition des ISO/OSI Referenzmodells. Die Entwicklung entsprechender OSI-Protokolle und -Anwendungen gestaltete sich aber als ein äußerst zäher Prozeß, der bis heute nicht als abgeschlossen anzusehen ist. Hersteller und Anwender konnten darauf natürlich nicht warten und so wurde die Internet Protokoll-Familie TCP/IP im Lauf der Zeit in immer mehr Betriebssystemen implementiert. TCP/IP entwickelte sich so unabhängig von den offiziellen Standardisierungsbestrebungen zum Quasi-Standard.

Jetzt stellen Sie sich wahrscheinlich schon die Frage, was man mit dem Netzverbund anfangen kann. Diese Frage ist insofern schwer zu beantworten, als die Möglichkeiten rein prinzipiell unbegrenzt sind. Das Internet selbst ist ja nur das Transportmedium für Daten. Was Sie dann mit den Daten anstellen, bleibt der Phantasie überlassen. Natürlich haben sich in der Vergangenheit einzelne Anwendungsmöglichkeiten (Dienste) entwickelt, die heute von den "Net-People" ganz selbstverständlich genutzt werden, z. B. Nachrichtenaustausch über elektronische Post, Dateitransfer, Datenbankabfragen, Informationsbeschaffung, Online-Unterhaltung und vieles mehr. Die geläufigsten Dienste werde ich Ihnen im Kapitel 2 vorstellen.

1.3 Wie funktioniert das Internet?

Damit Ihnen die Funktion des Netzes verständlich wird und Sie auch beurteilen können, was eigentlich geschieht, wenn Sie z. B. einen elektronischen Brief versenden, kommt in diesem Abschnitt etwas Technik zur Sprache. Unter anderem ist öfter von Protokollen die Rede. Ein 'Protokoll' ist nichts anderes als die genaue Vereinbarung über die Art und Weise, wie z. B. die oben erwähnten Datenpakete aussehen sollen und wie sie transportiert werden.

1.3.1 Internet Protocol IP

Hier wird kurz erklärt, wie die zu übertragenden Informationen im Internet von einem auf den anderen Rechner kommen. Daten werden im Internet paketweise übertragen. Man spricht daher von einem paketvermittelten Netz. Zur Veranschaulichung ein Gegenbeispiel und ein Beispiel:

Im Telefonnetz wird für jedes Gespräch eine Leitung zwischen zwei Gesprächspartnern benötigt. Diese Leitung bleibt auch belegt, wenn keine Information übertragen wird, also keiner spricht. Hier handelt es sich um ein leitungsvermitteltes Netz.

Im Briefverkehr wird dagegen ganz anders vorgegangen. Wenn Informationsübertragung ansteht, wird ein Brief geschrieben und dieser mit einer Adresse versehen. Sodann wird dieses Informationspaket dem Netz überlassen, indem man es in einen Briefkasten wirft. Das örtliche Postamt entscheidet dann aufgrund der Empfängeradresse, ob der Brief direkt an den Empfänger (wenn dieser also im Versorgungsbereich dieses Postamtes wohnt) auszuliefern ist, oder durch Einschalten von mehr oder weniger Zwischenstationen. In der Regel findet der Brief dann ein Postamt, das die Auslieferung des Briefes an den Empfänger aufgrund der Adresse vornehmen kann. Schwierigkeiten bei der Auslieferung können dem Absender aufgrund der Absendeadresse mitgeteilt werden. In den Adressen stecken Anteile, die das Empfänger-Postamt charakterisieren (Postleitzahl, Ort) und Anteile, die den Empfänger im Bereich dieses Postamtes festlegen. Diese Art der Informationsübertragung hat große Parallelen zur paketvermittelten Kommunikation im Internet.

Die einzelnen Teilnetze des Internet sind durch Geräte verbunden, die Router genannt werden. Diese übernehmen die Funktion von Vermittlungsstellen und der ausliefernden 'Postämter'. Solche Router verbinden in der Regel mehrere Netze miteinander. Salopp formuliert, sieht sich ein Router an, welche Zieladresse ein Datenpaket hat und er schickt dieses anhand seiner gespeicherten Routinginformation an den passenden nächsten Router weiter. Die Router haben aber auch noch eine weitere wichtige Aufgabe: Stellen Sie sich vor, jedes irgendwo produzierte Datenpaket würde weltweit verteilt, auch wenn es nur zu einem Rechner zwei Zimmer weiter gelangen soll. Die Leitungen wären hoffnungslos verstopft! Deshalb sorgt ein Router auch dafür, daß Pakete, deren Ziel innerhalb des lokalen Netzes liegt, nicht nach draußen gelangen.

Bleiben wir beim Postbeispiel. Jeder Rechner muß eine weltweit eindeutige Adresse haben. Im Gegensatz zur Briefadresse werden in Internet, genauer auf IP-Ebene, jedoch Nummern verwendet. Die Adressen, die im Internet verwendet werden, bestehen aus einer 32 Bit langen Nummer. Damit diese Zahl halbwegs lesbar ist, wird sie in vier Bytes unterteilt und dezimal notiert. Die einzelnen Bytes werden durch Punkt getrennt und bilden so eine Gruppe von vier Zahlen (a.b.c.d). Zum Beispiel:

141.84.101.2 oder 129.187.10.25

Diese Adressen bestehen analog zum Postbeispiel aus einem Anteil, der ein Netz charakterisiert und einem, der einen bestimmten Rechner in diesem Netz spezifiziert. Diese Unterteilung ist auch deshalb nötig, damit den oben erwähnten Routern die Arbeit erleichtert wird. Wie schon erwähnt, steckt jedes Datenpaket quasi in einem 'Umschlag', der Absende- und Empfängeradressen enthält. Diese Adressen-Information wird den Nutzdaten vorangestellt, so daß jede Komponente im Netz, die das TCP/-IP-Protokoll beherrscht, aus dem Anfang des Datenpaketes herauslesen kann, woher das Paket kommt und wohin es soll. Die oben erwähnten Router nehmen von den Adressen immer erst die Netzanteile und entscheiden, ob das Netz direkt angeschlossen ist oder, falls nicht, an welchen nächsten Router es zu schicken ist. Im allereinfachsten Fall ist dann nur noch die Entscheidung zwischen lokalem Netz und der Außenwelt nötig (mehr dazu in Kapitel 4).

Ein weiterer großer Vorteil des IP-Protokolls ist seine Unabhängigkeit vom tatsächlichen Datentransport. Die Datenpakete können über ein Ethernet, eine serielle Modemverbindung oder ein anderes Medium laufen. Für serielle Verbindungen, die häufig für die letzen Kilometer bis zum heimischen Rechner verwendet werden, gibt es spezielle IP-Protokolle. Angefangen hat es mit SLIP (Serial Line Internet Protocol), das heute weitgehend durch PPP (Point to Point Protocol) abgelöst ist.

Das Internet Protocol IP ist also hauptverantwortlich dafür, daß Daten den richtigen Weg im Internet finden. Wenn ein Datenpaket nur korrekt in einen 'IP-Briefumschlag' gesteckt wird, kann es beruhigt dem Netz übergeben werden. Was aber ist, wenn mal ein Datenpaket verloren geht? Wie versendet man überhaupt mehr Daten als die maximale Paketgröße von

1500 Bytes? Was passiert, wenn auf einer größeren Maschine, die mehrere Benutzer gleichzeitig haben kann, Datenpakete für verschiedene Benutzer eintreffen? Hierfür gibt es die übergeordneten Transportprotokolle TCP und UDP.

1.3.2 Transportprotokolle TCP und UDP

Innerhalb jedes IP-Paketes befindet sich nun ein weiteres Paket, der vom Transportprotokoll geschrieben wird. In den meisten Fällen handelt es sich dabei um TCP (Transmission Control Protocol). Auf diesem Umschlag steht die Information, die auf die obengenannten Probleme eingeht. Im TCP-Paket befinden sich dann endgültig die zu übertragenden Daten.

Falls man also eine große Menge an Daten zu übertragen hat, wird diese in Pakete gestückelt und die Pakete mit Nummern versehen. Die Nummern stehen dann auf dem TCP-Paket, damit die Information auf der Empfänger-seite wieder richtig zusammengehängt werden kann. Vom Empfänger muß für jedes Paket eine Empfangsbestätigung geschickt werden, damit der Sen-der weiterarbeiten kann. Fehlt die Empfangsbestätigung für eine Nummer, so wird diese nach einer gewissen Zeit noch einmal gesandt. Weiter berechnet TCP eine Prüfsumme, die ebenfalls auf den TCP-Paket geschrieben wird. Der Empfänger berechnet ebenfalls die Prüfsumme und nimmt das Paket nur an, wenn er zum selben Ergebnis wie der Sender kommt. Verfälschte oder verlorengegangene IP-Pakete werden also auf der TCP-Ebene überwacht und gegebenenfalls wiederholt. So wird sichergestellt, daß alle Daten korrekt und vollständig übertragen werden.

Was aber, wenn der Zielrechner nicht erreichbar ist? Dazu gibt es auf den IP-'Paketaufkleber' ein Byte namens 'Time to live' (TTL). Jeder Router, über den das Paket läuft, vermindert diesen Wert um eins. Wird der Wert Null, dann wirft der nächste Router das Datenpaket weg. Auch diese Weise wird verhindert, daß unzustellbare Pakete im Netz herumgeistern. Der Absender bekommt keine Fehlermeldung. Er kann aber aus der Tatsache, daß nach ei-ner angemessenen Wartezeit keine Empfangsbestätigung kommt, schließen, daß der Empfänger nicht erreichbar ist.

In Kapitel 2 wird Ihnen eine Auswahl von Internet-Diensten vorgestellt. Es kann also durchaus vorkommen, daß mehrere Programme oder auch Be-nutzer über dieselbe Verbindung zweier Rechner miteinander kommunizie-ren wollen. Einzelne Verbindungen zwischen zwei Programmen oder zwei Benutzern werden durch sogenannte 'Portnummern' gekennzeichnet, die auch auf dem TCP-Paket hinterlegt sind. Mit dieser Information können Daten für verschiedene Programme oder Benutzer auf derselben Maschine oder Netzverbindung unterschieden werden. Etliche dieser Portnummern sind fest bestimmten Diensten zugeordnet und können nicht für andere Zwecke verwendet werden. Es gibt jedoch noch genügend freie Portnum-mern, die für neue Dienste oder spezielle Anwendungen von Standard-diensten verwendet werden können.

Diese und weitere Eigenschaften von TCP, die hier darzustellen zu sehr ins Detail führen würde, machen das Verfahren der Datenübertragung allerdings auch relativ aufwendig. Außerdem können (z. B. durch Warten auf die Empfangsbestätigung) durch TCP auch Verzögerungen auftreten. Es gibt nun Fälle, in denen sich der Aufwand nicht lohnt, und stattdessen eine schnelle Übertragung wichtiger ist. Für diese Fälle gibt es das Transportprotokoll UDP (User Datagram Protocol). Hier existieren keine Empfangsbestätigungen. Das Programm, das UDP benutzt, muß damit fertig werden, wenn gesendete Daten nicht ankommen. Dafür können die Daten ohne großen Aufwand beliebig schnell ins Netz hinausgeschoben werden.

1.3.3 Domain Name Service (DNS)

In den vorigen Abschnitten wurde erklärt, wie Information im Internet von einem auf den anderen Rechner, ja vom einzelnen Anwendungsprogramm zum entsprechenden Partner findet. Es mag vielleicht noch nicht ganz klar geworden zu sein, was der einzelne (menschliche) Benutzer von Internet-Diensten nun tatsächlich tun muß, und was die Protokolle für ihn automatisch tun. Nun, in der Regel startet der Benutzer ein Anwendungsprogramm für einen Internet-Dienst und gibt gleichzeitig eine Zieladresse eines mehr oder weniger weit entfernten Rechners an. Protokollinterna, z. B. die Absenderadresse, die Portnummer, die Zerlegung in Pakete usw., werden automatisch eingefügt.

Es hat sich ziemlich früh herausgestellt, daß für uns Menschen die numerischen IP-Adressen nicht besonders geeignet sind, sondern daß wir aussagekräftige und vor allem merkbare Namen bevorzugen. Außerdem ist es ein großer Nachteil der IP-Adressen, daß aus ihnen keinerlei geographische Information zu entnehmen ist. Man sieht einer Zieladresse nicht an, ob sie in Australien oder im Nebenzimmer lokalisiert ist, außer man kennt zufällig die gewählten Zahlen. Es wurde daher das Domain Name System entwickelt, das den Aufbau von Rechnernamen regelt. Es ordnet jedem (weltweit eindeutigen) Namen eine IP-Adresse zu. Dabei gibt es einige Varianten. Eine Maschine mit einer IP-Adresse kann mehrere Funktionen haben und daher auch mehrere Namen, die auf diese Funktionen hinweisen (sogenannte 'Spitznamen', engl. 'nicknames'). Genauso kann eine Maschine (z. B. ein Router) viele IP-Adressen haben, aber nur einen Namen.

Die Namen im DNS sind hierarchisch aufgebaut. Das gesamte Internet ist in Domains aufgeteilt, welche wieder durch Subdomains strukturiert werden. In den Subdomains setzt sich die Strukturierung fort. Diese Hierarchie spiegelt sich im Namen wieder. Die entsprechenden Domains werden durch Punkt getrennt. Beispiele:

```
wapserv.e-technik.fh-muenchen.de
ftp.microsoft.com
www.br-online.de
```

Die Top-Level Domain (im Beispiel: 'de' bzw 'com') steht ganz rechts und wird außerhalb Amerikas durch den Länder-Code abgekürzt (weitere Beispiele: 'at' für Österreich, 'au' für Australien, 'fr' für Frankreich, 'uk' für Großbritannien, ...). In den USA gibt es aus historischen Gründen allerdings sechs Top Level Domains (außer 'us', was sehr selten benutzt wird):

'com' : Kommerzielle Organisationen
'edu' : (education) Schulen/Hochschulen
'gov' : (government) Regierungsinstitutionen
'mil' : militärische Einrichtungen
'net' : Netzwerk betreffende Organisationen
'org' : andere

Unterhalb der Top-Level Domain treten dann (Haupt-) Domains wie 'fh-muenchen' oder 'microsoft' auf, die sich im Rahmen ihrer Organisationen auf diesen Namen geeinigt haben müssen, wie auch über die weitere Strukturierung des Namensraumes, etwa daß Fachbereiche einen Subdomain-Namen bilden (z. B. 'e-technik'). Diese werden wieder strukturiert durch die Namen der einzelnen Lehrstühle und Institute. Als letztes Glied wird der einzelne Rechner mit seinem sogenannten Hostnamen spezifiziert.

Für die Aufnahme einer Verbindung zwischen zwei Rechnern muß in jedem Fall der Rechnername in eine zugehörige IP-Adresse umgewandelt werden. Dies geschieht normalerweise automatisch durch das entsprechende Anwenderprogramm, das durch eine Abfrage an einen Nameserver (siehe unten) eine IP-Nummer für den vom Benutzer angegebenen Namen anfordert. Die so ermittelte IP-Nummer wird dann für die Verbindungsaufnahme verwendet. Es gibt für diese Abfrage ein spezielles Protokoll, ARP (Address Resolution Protocol). Aus Sicherheitsaspekten ist es manchmal wünschenswert, auch den umgekehrten Weg zu gehen, nämlich zu einer sich meldenden Adresse den Namen und damit die organisatorische Zugehörigkeit offenzulegen (RARP = Reverse Adddress Resolution Protocol).

Für die Rechner haben wir nun schöne Namen - bleiben noch die Benutzer. Um nun einen bestimmten Benutzer auf einem Rechner zu identifizieren, bekommt auch dieser einen Namen. Und weil der 'normale' Name (z. B. "Sebastian Nepomuk Anton Hinterberger") doch manchmal etwas unhandlich ist, bekommt er eine sogenannte 'User-ID' von fünf bis acht Zeichen Länge. Bei manchen Systemen gibt es recht kryptische User-IDs, beispielsweise "P33U321", aber bei den meisten nimmt man den Namen, einen Teil davon oder ein User-Pseudonym. Kennt man die Domänenadresse eines Rechners, dann hängt man diese einfach an die User-ID mit einem At-Zeichen '@' dahinter, z. B.:

meier2@wapserv.e-technik.fh-muenchen.de

Ein kleiner Vergleich mit einer 'konventionellen' Adresse soll das verdeutlichen.

Stefan Meier	entspricht dem Benutzerpseudonym (meier2)
bei Huber	entspricht dem Rechner (wapserv)
Beispielweg 5	entspricht der (Sub-) Domain (e-technik)
81234 München	entspricht der (Haupt-) Domain (fh-muenchen)
West-Germany	entspricht der (Toplevel-) Domain (de)

Damit das DNS funktioniert, muß es Instanzen geben, die Namen in IP-Adressen und IP-Adressen in Namen umwandeln ('auflösen') können. Diese Instanzen sind durch Programme realisiert, die an größeren Maschinen ständig (meist im Hintergrund) im Betrieb sind und 'Nameserver' heißen. Aus Zuverlässigkeitsgründen sollten für jede eingerichtete Domain mindestens zwei Nameserver, ein Primary Server und ein Secondary Server, existieren. Jeder Rechner, der an das Internet angeschlossen wird, muß die Adresse eines oder mehrerer Nameserver wissen, damit die Anwendungen auf diesem Rechner mit Namen benutzt werden können. Die Nameserver sind für bestimmte Bereiche, sogenannte 'domains', zuständig (Institute, Organisationen, Regionen) und haben Kontakt zu anderen Nameservern, so daß jeder Name aufgelöst werden kann.

Die meisten der Internet-Anwendungen funktionieren nach dem Client-Server-Prinzip. Deshalb soll auf diese Funktionsweise kurz eingegangen werden. Im einfachsten Fall kommunizieren dabei zwei Rechner miteinander, wobei auf dem einen ein Client- und auf dem anderen der Serverprozeß laufen. Der Clientprozeß ist meistens mit einem Benutzerinterface verbunden (ein Programm, das es einem Benutzer erlaubt, komfortabel Eingaben zu machen und Ausgaben des Anwendungsprogramms zu lesen). Der Client-Prozeß wird in der Regel auch erst bei Bedarf gestartet und versucht dann, Kontakt mit dem Serverprozeß aufzunehmen. Dies setzt natürlich voraus, daß der Server schon 'wartet', d. h. ständig an einem System (in der Regel im Hintergrund) speicherresident läuft. Der Server verhält sich also eher passiv und wartet auf die Anfragen eines Clients. Der Server braucht für seine Aufgaben meistens eine größere Maschine. Der Clientprozeß dagegen ist meist ein recht einfach zu startendes Programm (oft auch für PC). Typischerweise kann ein Server mehrere Client-Prozesse parallel bedienen.

1.4 Verwaltung

Es erhebt sich natürlich die Frage, wer im Internet bestimmt, wie was gemacht wird. Dazu gibt es keinen Präsidenten oder Direktor, sondern allgemein anerkannte Arbeitskreise, die ihre Mitglieder aus der Benutzerschaft rekrutieren. Die Entscheidungen dieser Versammlungen werden von den Internet-Anwendern als verbindlich akzeptiert. Es steht jedem frei, ebenfalls an der Entwicklung des Internet mitzuarbeiten. Dies führt insbesondere dazu, daß Firmen sich in diese Arbeitskreise einbringen, um möglichst früh die Weichen 'richtig' stellen zu können.

Das höchste Gremium im Internet ist das IAB (Internet Architecture Board). Es segnet Entscheidungen über Standards und Adressvergabe ab und läßt diese Entscheidungen bekanntgeben. Technische und betriebliche Probleme werden zuvor in der IETF (Internet Engineering Task Force) behandelt, deren Treffen für jedermann offen sind. Hier werden Standards entwickelt und dokumentiert. Die Standards werden dann in sogenannten RFCs (Request for Comments) niedergelegt.

Als ausführende Institutionen arbeiten sogenannte NICs (Network Information Centers) und NOCs (Network Operation Centers), welche auf weltweiter, kontinentaler, nationaler und regionaler Ebene existieren. Die Aufgabe des NIC ist die Vergabe und Koordination von eindeutigen Adressen und Namen im Internet. z. B. vergibt das zentrale InterNIC in USA ganze Adressbereiche an das europäische NIC (das RIPE-NCC (Reseaux IP Europeens - Network Coordination Center), welches seinerseits die deutsche Organisation, das DE-NIC, mit einem Teil dieses Adressbereiches beglückt. Das DE-NIC hat dann die Möglichkeit, eigenständig aus diesem Bereich Adressen zu vergeben, z. B. an einen Provider, der die Adressen an seine Endbenutzer weiterverteilt. Beim entsprechenden nationalen NIC wird auch der Name der Haupt-Domain registriert. Damit wird vermieden, daß zwei Unternehmen oder Organisationen den gleichen Domainnamen tragen, denn das NIC überprüft weltweit, ob es den Namen schon gibt. Bis vor einigen Jahren wurde auch jeder erdenkliche Namen zugelassen, inzwischen gibt es einige Einschränkungen.

Nun können wir auch 'Das Internet' von einem (beliebigen) Internet unterscheiden. 'Das Internet' ist ein Internet, das den zentralen ROOT-Nameserver des InterNIC (gewoehnlich: ns.internic.net) enthält. In diesem Zusammenhang noch eine wichtige Anmerkung: Man darf bei Rechnern, die an einem Hochschul- oder Firmennetz angeschlossen sind, keinesfalls selbstgewählte IP-Adressen verwenden - auch nicht für einen schnellen Test. Der erste Ansprechparner ist immer der Netzwerkverantwortliche, der den lokalen Nummernkreis verwaltet. Der bekommt seine Nummern von seinem Internet-Provider und dieser vom eintsprechenden NIC.

Das NOC kümmert sich um den Betrieb des Netzes. Dazu gehören die Konfiguration der Netzkomponenten (i. d. R. Router), die Behebung von Netzfehlern und die Beratung und Koordination der Netzteilnehmer.

1.5 Dokumentation

Alle Protokolle und Vereinbarungen über das Internet sind in Dokumenten festgehalten. Ganz zu Anfang waren diese Dokumente als Diskussionsgrundlagen für einen weiten Kreis von Teilnehmern gedacht, weshalb sie den

Namen 'Request for Comment', kurz RFC, erhielten. Es stellte sich jedoch heraus, daß der Kreis der Diskutierenden relativ klein war und daher auf das RFC-Dokument kein eigenes Standard-Dokument folgen mußte. Die Dokumente sind durchnumeriert und im Netz frei erhältlich (z. B. auf dem Rechner ftp.leo.org), können aber auch auf CD-ROM erworben werden. Ein RFC wird auch nicht ungültig, sondern bei Änderungen im Protokoll durch ein Nachfolgedokument ('Son of RFC xxx') ergänzt oder ersetzt. Die RFCs enthalten nicht nur technische Dokumente, sondern auch für den technischen Laien geeignete Bedienungsanleitungen. Wer sich mit den RFCs zu gebräuchlichen Diensten (siehe Kapitel 2) beschäftigt, wird feststellen, daß viele Protokolle sehr einfach gehalten sind und daher die Implementierung auf verschiedenen Rechner schnell möglich ist. Die RFC werden vom Inter-NIC verwaltet.

2 Internet-Dienste im Überblick

Die einzelnen Dienste, die man heute im Internet in Anspruch nehmen kann, haben sich nach und nach entwickelt. Zu Beginn wurde die Basis des Internets von den drei Diensten elektronische Post, Telnet und FTP gebildet.

Später kamen dann Informationsdienste wie News, Archie, Gopher und WAIS hinzu. Der jüngste Dienst ist WWW, der nahezu alle anderen Dienste integrieren kann. Deshalb fange ich mit dem wichtigsten Basisdienst, der elektronischen Post an und schließe mit WWW den Überblick.

2.1 Die elektronische Post

Ein Beispiel: Sie haben gerade eine tolle Werbung für Ihr neues Meßgerät entworfen und möchten sie von Ihrem Geschäftsfreund in Amerika überprüfen lassen. Sie schicken ihm rasch eine Elektronische Post (Electronic Mail, E-Mail) über das Internet. Dieser holt sich das Dokument auf seinen Bildschirm, bringt ein paar Korrekturen an und schickt Ihnen das Dokument zurück. Beide bezahlen für diese Transatlantik-Operation nicht mehr als ein paar Pfennige - wesentlich weniger als für ein Telefongespräch.

'E-Mail': Nicht nur im Bereich Forschung und Lehre fällt dieser Begriff immer häufiger. Firmenvertreter, Entwickler, Journalisten, Professoren und Studenten werden immer öfter damit konfrontiert. Auch in Veröffentlichungen in wissenschaftlichen Zeitschriften finden sich Mail-Adressen der Autoren und Herausgeber als eine Möglichkeit, Kontakt aufzunehmen.

Bei E-Mail (auch 'Email', 'e-mail' oder schlicht nur 'Mail' genannt) handelt es sich um einen schnellen, bequemen Weg, Nachrichten bzw. Dokumente zwischen Rechnersystemen mit dem gewünschten Partner auszutauschen. Obwohl E-Mail der einfachste (und auch wohl älteste) netzübergreifende Dienst ist, will ich bei diesem Kapitel etwas ausführlicher werden. Die anderen Dienste sind dann umso leichter zu verstehen.

Computer, die mit einem Multiuserbetriebssystem ausgestattet sind, also Systeme, bei denen mehrere Anwender (quasi-)gleichzeitig arbeiten können, besitzen nahezu alle die Möglichkeit, daß sich diese Anwender auch untereinander verständigen können. Das geschieht mittels eines Programms, das es ermöglicht, Nachrichten zu schreiben und diese dann an einen gewünschten Empfänger zu schicken. Der Adressat erhält dann nach kurzer Zeit, spätestens jedoch beim nächsten Login den Hinweis auf neu eingegangene Post. Das Versenden solcher Nachrichten ist jedoch nicht auf den eigenen Rechner beschränkt, sondern kann bei vernetzten Systemen auch zu andreen

Computern geschickt werden. Je nach Verbindung zu den anderen Rechnern wird die Nachricht direkt zum Empfänger geschickt oder über einige Zwischenstationen geleitet (hier zeigt sie die Analogie zur althergebrachten Post).

Für diese Art des Versendens von Mitteilungen hat sich sehr schnell der englische Begriff 'Mail', das heißt auf deutsch 'Post' eingebürgert. Und da es sich nicht um eine Post im üblichen Sinne, also auf Papier geschrieben und im Umschlag überreicht, handelt, bezeichnet man das ganze als 'Electronic Mail' oder kurz 'E-Mail'. Auch im Deutschen haben sich die englischen Begriffe 'Mail' und 'E-Mail' etabliert.

Die E-Mail gewinnt zur Zeit spürbar an Bedeutung, sowohl in der Wirtschaft als auch in der Technik, da es sich gezeigt hat, daß diese Art der Kommunikation die schnellste ist, die es gibt. Es ist eine Tatsache, daß die Erfolgsquote bei der E-Mail sogar noch höher liegt als beim Telefon.

Mit Erfolgsquote ist gemeint, daß man die Nachricht nach dem Absenden vergessen kann; man muß nicht warten, bis man den Empfänger eventuell erst nach mehreren Versuchen errreicht (z. B. mehrmals Anrufen oder warten, bis das Fax beim Empfänger frei ist). Heutzutage ist E-Mail nicht nur mehr auf einem Computersystem üblich. Man verteilt vielmehr die Post an andere Rechner, so daß überregionale Kommunikation per E-Mail abgewickelt werden kann.

Weg eines normalen Briefes

Electronic Mail ist in vielen Bereichen analog zur normalen sogenannten gelben Post aufgebaut (von den Fans der Electronic Mail auch 'snail mail' = Schneckenpost genannt). Deshalb soll zuerst noch einmal der Lebensweg eines (normalen) Briefes aufgezeigt werden. Ein normaler Brief, z. B. ein Geschäftsbrief, besteht aus zwei Teilen. Zuerst kommt der Briefkopf mit den Adressen von Empfänger und Absender, dem Datum, einer Betreffzeile usw. Darauf folgt der eigentliche Inhalt des Briefes und eventuell ein paar Anlagen. Nachdem der Brief geschrieben wurde, wird er in einen Umschlag gesteckt und dieser Umschlag mit der Adresse des Empfängers und des Absenders versehen. Zusätzlich kann er spezielle Versand-Vermerke bekommen.

Anschließend wird der Brief in einen Briefkasten der Post geworfen. Der Briefkasten wird geleert und die Briefe zu einem Postamt gebracht. Dort wird beim Sortieren entschieden, wohin jeder Brief als nächstes gebracht werden soll. Es kann sein, daß der Brief im gleichen Postamt bleibt, oder aber er wird von einem Postamt zum anderen weitergegeben, bis er beim Zustellpostamt des Empfängers landet. Ein Postbote liefert den Brief in den Briefkasten des Empfängers aus bzw. übergibt ihn eigenhändig an den Empfänger, wenn der Brief ein Einschreiben ist. Oder aber der Brief kommt in ein Postfach an diesem Postamt. Der Umschlag wird entfernt, der Brief wird gelesen, dann weggeworfen oder in einer Ablage aufbewahrt.

Weg eines elektronischen Briefes

Auf einem Computer wird mit einem Textbearbeitungsprogramm (Editor) der Inhalt des Briefes in eine Datei geschrieben und mit Hilfe eines Mail-Programms mit Umschlag und Empfängeradresse versehen und in die Ausgangs-Mailbox gelegt. Den ersten Teil des Briefes nennt man 'Header', den Inhalt und die Anlagen 'Body Parts'. Der Umschlag heißt auf englisch 'Envelope' (letzterer hat hauptsächlich etwas mit dem Übertragungsprotokoll zu tun, der Normalanwender bekommt ihn nicht zu sehen). D. h. eine Mail, die an das Mail-System übergeben wird, besteht aus dem Envelope, dem Header und einem oder mehreren Body Parts. Die Postboten und Postämter nennt man 'Message Transfer Agents' (MTA), die zusammen das 'Message Transfer System' (MTS) bilden. Dieses MTS sorgt dafür, daß eine Mail von einem Rechner zum anderen gelangt.

Beim Ziel-MTA angelangt, wird die Mail in die Eingangs-Mailbox des Empfängers gelegt. Dabei handelt es sich in der Regel um eine Datei, in der alle ankommenden Briefe gesammelt werden. Der Empfänger kann sich dann mit Hilfe eines Mail-Programms seine Mail aus der Eingangs-Mailbox holen und Brief für Brief lesen und auch gleich beantworten. Wenn er sie danach nicht wegwirft, wird er sie in eine Ablage kopieren, die man 'Folder' nennt. Die Benutzeroberfäche zum Erstellen einer Mail, die Eingangs- und Ausgangs-Mail-Boxen, die Folder und eine eindeutige Mailadresse zusammen nennt man den 'Mail User Agent' (MUA) oder 'Mailer'.

Je nach verwendetem Mail-System gibt es meist noch weitere Funktionen, z. B. das Weiterleiten von Nachrichten (ggf. mit Kommentar), Versenden von Nachrichten an mehrere Empfänger, Benachrichtigung des Versenders einer Nachricht, daß Mail beim Empfänger angekommen und gelesen wurde. Übrigens, wenn Sie nur den Rechner, aber nicht die genaue Benutzerkennung wissen, dann schreiben Sie versuchsweise an den 'postmaster' des Systems. Der 'postmaster' ist die Mail-Adresse, bei der alle Fehlermeldungen, aber auch Anfragen von außen anlaufen. Dahinter steckt normalerweise der Systemverwalter. Briefe, die an einen anderen Computer gehen, werden in der Regel sofort abgeschickt, so daß sie der Empfänger im Internet in kurzer Zeit erhält. Briefe, die innerhalb eines Systems verschickt werden, erreichen ihren Empfänger ein paar Sekunden nach dem Abschicken.

Rechner mit direkter TCP/IP-Verbindung tauschen ihre E-Mail direkt aus. Das Protokoll heißt SMTP (Simple Mail Transfer Protocol). Hier wird die E-Mail direkt dem Zielrechner zugestellt (mehr dazu im Kapitel 4). E-Mail kann aber nicht nur mit SMTP über das Netz transportiert werden, sondern auch z. B. über eine Modemverbindung, weshalb wesentlich mehr Rechner via E-Mail erreichbar sind, als im Internet existieren. Auch die Benutzer von Mailboxnetzen wie CompuServe, AOL oder T-Online sind per E-Mail erreichbar. Außerdem gibt es auch Erweiterungen der Mail-Software, die das Nachsenden der elektronischen Post an jeden Ort der Welt oder das Bereithalten zur Abholung ermöglichen. Es gibt sogar automatische Antwortprogramme (z. B. für Infodienste).

2.2 News - öffentliche Diskussionsforen

News ist ein weltweites, elektronisches 'schwarzes Brett' zur Diskussion von Themen, zum Austausch und zur Beschaffung von Informationen und zur Verteilung von Daten. Dieses Kommunikationsmedium ist neben Mailing-Listen das am weitesten verbreitete System für den Austausch von öffentlichen Informationen. News ist nach den verschiedensten Interessengebieten hierarchisch geordnet. Dabei sind weltweit tausende Themenbereiche (die sogenannten News-Gruppen) verfügbar, die von der Diskussion bestimmter Rechnertypen über die Bekanntmachung von Konferenzen bis hin zur Verteilung von Kochrezepten reichen.

News baut auf NNTP (Network News Transfer Protocol) auf. Dazu benötigt ein Benutzer eine bestimmte Schnittstelle, den sogenannten News-Reader. Dies ist ein Programm, das Verbindung mit einem News-Server aufnimmt und es erlaubt, die einzelnen Beiträge zu lesen und selbst Beiträge zu schreiben. Diese sind für bestimmte Regionen zentrale Rechner, welche die News-Datenbank halten, die in regelmäßigen Zeitabständen aktualisiert wird und welche für die Verbreitung von Artikeln sorgen. Sie können natürlich auch einen eigenen News-Server betreiben, der sich seine Daten wiederum von einem anderen News-Server holt. Es besteht dann auch die Möglichkeit, lokale Newsgruppen (d. h. firmeninterne Diskussionsforen) einzurichten.

In News können die Beiträge von allen Benutzern gelesen und in der überwiegenden Zahl der Gruppen auch eigene Artikel oder Antworten veröffentlicht werden. Dies eröffnet etliche neue Möglichkeiten. Man kann oft feststellen, daß Probleme (und deren Lösungen) anderer News-Benutzer auch für einen selbst von Interesse sind, und es bestehen bei eigenen Problemen gute Aussichten, daß einer der vielen Experten (die sogenannten 'Gurus' oder 'Wizards') relativ schnell weiterhelfen kann. Umgekehrt sollte man sich die Zeit nehmen, Fragen anderer News-Nutzer zu beantworten, denn das System funktioniert nur 'auf Gegenseitigkeit'. News ist deshalb auf keinen Fall nur eine kurzweilige Unterhaltung für Computer-Begeisterte, sondern eine ernstzunehmende Informationsquelle und eine neue Möglichkeit, die wissenschaftliche Zusammenarbeit auf vielen Gebieten zu unterstützen.

Darüber hinaus eröffnet News vollkommen neue Möglichkeiten der Publikation und der schnellen Diskussion innerhalb eines internationalen, offenen Teilnehmerkreises. Dies wird bisher zwar nur in speziellen Fachrichtungen genutzt, wird in Zukunft jedoch bestimmt auf breiteres Interesse stoßen. Wer sich schon gleich zu Beginn auf das Lesen weniger ausgesuchter Newsgruppen beschränkt, kann von Anfang an News als wertvolle Informationsquelle mit minimalem Zeitaufwand kennenlernen.

Damit Sie sich nicht gleich als Anfänger outen, bespreche ich zunächst ein paar Fachbegriffe und gebe Ihnen weiter unten einige Verhaltensregeln. Am Ende dieses Kapitels wird auch der Zusammenhang zwischen News und dem sogenannten 'UseNet' erläutert. Kurz gesagt bezeichnet man mit 'UseNet' den Verbreitungsraum für News.

Einige Begriffe (nach ihrer Wichtigkeit aufgeführt):

* *Newsgroup:*
  Die News-Gruppe ist ein Teilbereich von News, der einem bestimmten Thema gewidmet ist. In anderen Netzen heißen sie z. B. 'schwarze Bretter' oder 'Diskussionsforen'.

* *News hierarchy:*
  News-Gruppen mit verwandten Themen werden zu Familien zusammengefaßt, wodurch eine hierarchische Strukturierung der Gruppen entsteht.

* *News Article:*
  Die von den Benutzern verfaßten Beiträge zu einer News-Gruppe werden als News-Artikel bezeichnet.

* *Newsreader:*
  Benutzerschnittstelle für News, mit der i. a. Artikel gelesen, verfaßt, in einer Datei abgespeichert oder an einen anderen Benutzer per E-Mail geschickt werden können.

* *Posten, Posting:*
  Das Veröffentlichen eines News-Artikels wird als 'Posten' bezeichnet. Entsprechend wird ein News-Artikel oft auch 'Posting' genannt.

* *Followup:*
  Spezieller News-Artikel, der sich auf einen anderen Artikel bezieht. Der Followup übernimmt dabei i. a. den Überschrift-Header des anderen Artikels und setzt dabei noch 'Re:' voran.

News-Hierarchien

Historisch bedingt ordnet man die News-Hierarchien nach den folgenden Kriterien:

* Traditionelle (ursprüngliche), weltweit verbreitete News- Hierarchien. Diese Hierarchien gab es schon in der Anfangszeit, als News nur in der USA verfügbar war.

* Die restlichen (alternativen) Hierarchien, die weltweit gelesen werden können. Sie wurden im wesentlichen zu der Zeit gegründet, ab der News über die USA hinaus verbreitet wurde.

* Regionale Gruppen sind Gruppen, die i. a. nur von den News-Servern einer bestimmten Region geführt werden. 'Regional' kann sich dabei auf einen Kontinent, ein Land, ein Bundesland, eine Stadt, eine Institution, etc. beziehen.

* Lokale Gruppen sind nur für einen News-Server selbst oder für seine unmittelbare Nachbarschaft von Bedeutung. Zwischen 'lokal' und 'regional' gibt es i. a. keine scharfe Abgrenzung.

Die traditionellen News-Hierarchien

* *comp:* Themen, die mit dem Computer in Beruf, Wissenschaft und Forschung zu tun haben.

* *misc:* In dieser Hierarchie werden Gruppen zusammengefaßt, die nicht in eine der anderen Kategorien passen.

* *news:* Gruppen, die sich mit News selbst beschäftigen (Software, Administration, etc.).

* *rec:* Gruppen, für Hobbys und Freizeit.

* *sci:* Allgemeine wissenschaftliche Themen (z. B. Physik, Medizin, Philosophie).

* *soc:* Gruppen mit sozialen und kulturellen Themen.

* *humanities:* Gruppen für zwischenmenschliches.

* *talk:* Debattier-Gruppen.

* *biz:* Kommerzielles.

* *alt:* Die alternativen News-Hierarchien
   Die Newsgruppen sind hierarchisch geordnet. Unterhalb der oben angegebenen Hierarchien wird weiter verzweigt, wobei die einzelnen Hierarchiestufen durch Punkte getrennt werden. Bei landesspezifischen Gruppen wird das Länderkürzel vorangestellt, z. B. für Deutschland 'de'; die duetsche Entsprechung von 'comp' ist somit 'de.comp'. Dann kann man weiter verfeinern, z. B. für die Diskussion über Computer-Betriebssysteme (operating systems) 'de.comp.os' Nachdem es verschiedene Betriebssysteme gibt, entstehen dann Gruppen wie 'de.comp.os.linux', 'de.comp.os.minix', 'de.comp.os.os2', 'de.comp.os.unix', usw.
   Das wachsende Newsaufkommen hat aber auch zu zunehmenden 'Rauschen' geführt. Die Gruppen sind zwar thematisch untergliedert, aber man findet trotzdem immer wieder uninteressante Beiträgen, endlose Streitereien um des Kaisers Bart oder Artikel, die überhaupt nicht zum Thema passen. Das hat bei ständigen Newsbenutzern und alteingesessenen 'Netzbürgern' zu einer gewissen Dünnhäutigkeit geführt. Man muß bedenken, das nicht nur das Lesen selbst Zeit kostet, sondern auch der Datentransport der News bis zum Rechner des Lesers Telefonkosten verursacht. Wenn dann

nur Unsinn zu lesen ist, reagieren die News-Benutzer irgendwann sauer. Insbesondere Nachrichten meist werblichen Inhalts, die in zahlreichen Diskusssionsgruppen veröffentlicht werden und in keinem dieser Foren eigentlich einen Platz haben, lösen heftige Reaktionen (sogenannte 'flames') aus. Solche Massenveröffentlichungen haben den passenden Namen 'spam' (Sülze) erhalten. Das Rauschproblem hängt aber auch damit zusammen, daß viele kleine und große Provider ihre Benutzer ohne jede Anleitung auf das Netz loslassen. Eine andere Unsitte, die wenig Hilfsbereitschaft auslöst, ist die Verwendung der News als kostenlosen 'Auskunftsschalter'. Es wird eine Frage gestellt (das ist in Ordnung), aber dann am Ende des Beitrags geschrieben, man möge die Antwort doch per E-Mail schicken, weil der Frager die Newsgruppe nicht liest. Wer schon fragt, sollte sich nicht zu fein sein, die von ihm ausgelöste Diskussion auch in den News zu verfolgen. Außerdem kommen so die Antworten auch anderen zugute.

Einige Newsgruppen enthalten auch Binärdaten (Programme, Bilder, Sound-Dateien, etc.). Sie sind durch den Begriff 'binaries' im Namen der Gruppe erkennbar (z. B. *comp.binaries.msdos*). Da nach wie vor 7-Bit-ASCII als kleinster gemeinsamer Standard für News und Mail gilt, lassen sich Binärdateien nicht ohne weiteres posten. Abhilfe schaffen hier die Programme UUENCODE und UUDECODE, mit deren Hilfe sich binäre Daten auf den Bereich der druckbaren ASCII-Zeichen (Großbuchstaben, Ziffern und Sonderzeichen) abbilden lassen. Es werden also Bytes in 6-Bit-Worten codiert und in Zeilen umbrochen. Die mit UUENCODE erzeugte Datei ist nun zwar größer als die Ursprungsdatei, sie läßt sich aber problemlos per News (oder Mail) verbreiten. Mehr dazu erfahren Sie in Kapitel 4.

Zum Schluß des Abschnitts möchte ich noch auf Newsgruppen hinweisen, die Informationen zu den verschiedensten Themen enthalten. Die wichtigsten sind *news.answers* und *de.newusers*. Dort finden Sie die sogenannten 'FAQ's (Frequently Asked Questions and Answers), in denen Antwort auf viele Fragen gegeben wird. Bevor man also eine Frage in den News losläßt, erst einmal in den FAQs stöbern. Sonst gibt es als Antwort auf eine Farage höchstens ein 'RTFM' (Read The Fucking Manual = Lies das Sch...-Handbuch) oder 'RTFAQ' (na? was heißt das wohl?). In Kapitel 4 wird das Thema News noch weiter vertieft. Ein Begriff sollte aber gleich noch geklärt werden, 'UseNet' User Network). News-Artikel und auch Mail sind nicht an das Internet gebunden, sondern können auch auf anderen Wegen, z. B. per Modem-Transfer, ausgetauscht werden (bei den News ist das durch die gewaltigen Datenmengen praktisch nur eingeschränkt möglich). Der Begriff 'UseNet' ist jedoch schwer zu fassen. Deshalb der Versuch einer Unterscheidung: Ein Internet ist eine Menge von Rechner, die sich via IP ständig (!) untereinander verständigen können. Damit ist ein Internet ein Netz von sich technisch verstehenden Systemen. 'Ständig' ist auf definierte Zeiträume einschränkbar (für PPP und SLIP), heißt aber generell: jederzeit bis auf technische Pannen.

"'UseNet' ist die Menge alle Rechner, die Newsartikel wärmstens empfohlenerweise im Sinne des RFC 1036 und Söhne untereinander verteilen und diese somit lesbar und schreibbar halten. UseNet-Rechner müssen darüberhinaus auch E-Mail senden und empfangen können (RFC 822). Zu den Gruppen des UseNets gehören die BIG 8 (comp, humanities, misc, news, rec, sci, soc, talk) und sowie alt, de und einige andere, aber darüber gibt es sehr verschiedene Meinungen. Die Newsgruppenhierarchie 'de.*' ist eine internationale deutschsprachige Hierachie im UseNet. Es ist nicht die Deutschlandhierachie, eine Hierachie für Deutschland gibt es nicht (Lutz Donnerhacke)."

Ed Krol, "Die Welt des Internet", S. 178: "UseNet ist eines der am häufigsten mißverstandenen Konzepte. Es ist kein Rechnernetz. Es hängt nicht vom Internet ab. Es ist keine Software. Es ist eine Sammlung von Regeln, wie Newsgruppen weitergeleitet und verwaltet werden. Es ist ausserdem ein Haufen Freiwilliger, die diese Regeln anwenden und respektieren. [...]. UseNet besteht aus sieben gut verwalteten Newsgruppen-Hierarchien."

Weitere Informationen und eine ausführliche Fassung der Verhaltensregeln ('Nettiquette') finden Sie in Kaptiel 4.

2.3 Telnet - das Terminal

Zweck des Telnet-Programms ist, von einem beliebigen TCP/IP-fähigen Rechner einen interaktiven Zugang zu anderen Computer zu schaffen. Telnet ist also eine Terminal-Simulation. Man bedient einen fernen Computer so, als säße man direkt davor. Diese Programme gehen im einfachsten Fall von einem Text-Terminal aus und verwenden oft die VT100/VT200-Emulation. Deshalb kann es bei Programmen zu Problemen kommen, die bildschirmorientiert arbeiten (z. B. Editoren). Für die Steuerung der Ausgabe, beispielsweise die Positionierung der Schreibmarke oder die Einstellung der Bildschirmfarbe, werden Steuerzeichen gesendet, welche die Terminal-Emulation 'verstehen' muß. Man hat also den gleichen Funktionsumfang wie ein lokal an dem jeweiligen Rechner angeschlossenes Text-Terminal - egal wie weit der Rechner entfernt ist.

Ist der Verbindungsaufbau erfolgreich, erscheint der Login-Prompt des fernen Rechners. Man kann sich prinzipiell an jedem Rechner im Internet einloggen - vorausgesetzt, man besitzt dort eine Zugangsberechtigung. Viele

Rechner bieten jedoch auch einen Gastzugang und beim Dateitransfer einen anonymen Zugriff an. Es könnte aber auch der eigene Rechner in der Firma sein, den man auf einer Geschäftsreise aus der Ferne ansprechen will Man kann per Telent-Verbindung auch spezielle Informationsdienste in Anspruch nehmen. Um beispielsweise den Archie-Dienst (siehe 2.5) zu nutzen, nimmt man eine Telnet-Verbindung zu einen Archie-Server auf und gibt als Benutzernamen 'archie' ein. Man landet dann in dem speziellen Suchprogramm. Eine Telnet-Verbindung mit dem Rechner 'books.com' führt direkt in ein Literaturrechercheprogramm mit Bestellmöglichkeit. Aber auch netzwerkweite Spiele, meist Textadventures, sind über Telnet erreichbar.

2.4 FTP - File Transfer Protocol

Nehmen wir einmal an, Sie hätten noch immer kein vernünftiges Programm für die Nachbearbeitung Ihrer gescannten Bilder. Nachdem Sie in einer Newsgroup (hoffentlich der richtigen, sonst machen Sie sich bei den Newsfreaks von Anfang an unbeliebt) erkundigt haben, welches Programm für Windows das Beste sei, und nachdem man Ihnen einstimmig 'Paintshop Pro' empfohlen hat, starten Sie das FTP-Programm, um Paintshop per FTP (File Transfer Protocol) von einem fernen Rechner zu holen. Damit es nicht noch länger dauert als ohnehin schon, kommt das Programm in Form einer einzigen Datei; Alle Dateien sind in einem sogenannten 'Archiv' zusammengepackt und die Daten komprimiert. Im Unterschied zu einer Telnet-Verbindung, die textorientiert ist, können mittels FTP beliebige Daten ausgetauscht werden (Bilder, Programme, Sounds, usw.).

Es gilt übrigens als ausgesprochen unhöflich, von beispielsweise München aus ein Programm in Hawaii abzuholen, wenn man es genausogut von Stuttgart holen kann (die Leitungen ins Ausland sind noch nicht so zahlreich und man sollte deren Belastung möglichst gering halten). Benutzen Sie ausländische Server auch bitte zu Zeiten, wo diese wenig gebraucht werden, also ausserhalb der 'Bürostunden'. Meistens sieht man es der Internet-Adresse an, wo der entsprechende Server steht. Die wichtigsten Kennungen sind 'com', 'edu', 'gov', 'mil', 'net' und 'org'(siehe auch 1.4). Server mit diesen Kennungen sind in der Regel in den USA stationiert (Zeitzone = Mitteleuropäische Zeit minus 6 bis 9 Stunden / Hawaii minus 12 Stunden), obwohl 'com'- und 'net'-Rechner überall auf der Welt stehen können. Andere Server erkennt man an der Länderkennung, z. B:

at = Österreich	*uk = England*
de = Deutschland	*fi = Finnland*
ch = Schweiz	*au = Australien (MEZ + 8 Stunden)*
se = Schweden	*ca = Kanada (MEZ - 6...9 Stunden)*
fr = Frankreich	*jp = Japan (MEZ + 8 Stunden)*

Der Verbindungsaufbau erfolgt wie bei Telnet, indem man dem FTP-Programm den gewünschten Zielrechner angibt. Bei erfolgreicher Verbindung kommt vom fernen Rechner wieder ein Login-Prompt. FTP funktioniert aber auch, wenn man auf dem fernen Rechner keine Benutzerberechtigung hat, denn viele Rechner bieten große Dateibereiche über sogenannten 'anonymen' FTP. Man gibt in diesem Fall als Benutzernamen 'ftp' (manchmal auch 'anonymous') ein und als Passwort die eigene Mailadresse. Danach kann man sich im öffentlichen Dateibereich tummeln. Dazu braucht man nicht viele Kommandos. Mit 'cd <Verzeichnis>' wechseln Sie in das entsprechende Unterverzeichnis. Die Befehle 'ls' oder 'dir' ermöglichen die Anzeige des Verzeichnisinhaltes. Mit 'get <Dateiname>' holt man sich die gewünschte Datei und mit 'put <Dateiname>' kann man lokale Dateien in den fernen Rechner übertragen. Das FTP-Protokoll kennt zwei Übertragungsmodi, den Transfer von Texten und von Binärdateien. Um die Daten auch korrekt zu bekommen, sollte man auf jeden Fall mit dem Kommando 'binary' in den Binärmodus schalten (Texte werden da natürlich auch korrekt angeliefert). Mit 'hash' bekommt man bei der Übertragung eine Anzeige des Fortschritts der Übertragung und mit 'help' eine Befehlsübersicht. Mit 'quit' beendet man die FTP-Sitzung.

Es gibt inzwischen, speziell bei Windows, auch etliche grafisch orientierte FTP-Clients, die sich automatisch das Inhaltsverzeichnis des fernen Rechners holen und dieses zusammen mit dem lokalen Verzeichnis wie in einem Dateimanager anzeigen. Hier kann man dann die Dateien per Mausklick hin und her transportieren.

Man kann eine zusammengefaßte Liste Hunderter von Anonymous-FTP-Sites erhalten, indem man eine E-Mail-Nachricht verschickt an:

mail-server@rtfm.mit.edu

mit diesen Zeilen im Text der Nachricht:

send usenet/news.answers/ftp-list/sitelist/part1
send usenet/news.answers/ftp-list/sitelist/part2
... (und so weiter, und so weiter) ...
send usenet/news.answers/ftp-list/sitelist/part18

Dann erhält man per E-Mail 18 Dateien, die die "FTP Site List" enthalten. Jede dieser Dateien ist etwa 60 KByte groß, die komplette Liste umfaßt also insgesamt mehr als ein MByte!

Nachdem Sie die Site-Liste erhalten haben, finden Sie etliche Einträge wie den folgenden - Site-Name, Ort und Infos über Dateien, die dort liegen, werden aufgeführt. Zum Beispiel:

Site:	oak.oakland.edu
Country:	USA
Organ:	Oakland University, Rochester, Michigan

System:	Unix
Comment:	Primary Simtel Software Repository mirror
Files:	BBS lists; ham radio; TCP/IP; Mac; mode
	protocol info; MS-DOS; MS-Windows; PC
	Blue; PostScript; Simtel-20; Unix

2.5 Archie weiss bescheid

Bei per FTP angebotenen Daten kann man schnell den Überblick verlieren. Wenn man den Namen einer Datei (oder zumindest einen Teil davon) kennt, kann man nachfragen, auf welchem Rechner das Gewünschte zu finden ist. Bestimmte Rechner (Archie-Server) fragen regelmäßig alle Rechner der FTP-Anbieter ab und sammeln die Daten. Die von Archie gesammelten Daten können dann per Telnet oder über ein spezielles Archie-Programm abgefragt werden (für Deutschland ist der Archie-Server 'archie.th-darmstadt.de'). Archie liefert dann den/die Rechner, auf dem/denen die gesuchte Datei gespeichert ist.

2.6 Gopher

Wir haben gesehen, daß man mit dem Archie-Programm nach Dateinamen der FTP-Server im Internet suchen kann. Das ist natürlich ein sehr beschränktes Informationsangebot. Was ist mit Datenbankabfrage, Bibliotheksrecherchen, und ähnlichen Informationsangeboten? Da hilft 'Gopher', die Taschenratte.

Gopher ermöglicht den Aufbau eines verteilten Informationssystems mit einem einheitlichen Zugang zu einer Vielzahl von anderen Diensten im Netz (z. B. Archie, WAIS, FTP, etc.), sowie Gateways zu weiteren Diensten (z. B. Online Bibliotheken, Datenbanken, etc.). Gopher arbeitet menügeführt, d. h. man benutzt auf seinem eigenen Rechner ein Programm, den Gopher-Client, der dann Informationen von anderen Rechnern, auf denen ein Gopher-Server läuft, abfragen kann. Der Benutzer sieht dabei eine Baumstruktur von Objekten, den sogenannten 'Gopherspace', durch die er sich bewegt (analog zu Files und Directories), kann aber zum Teil auch gezielt nach Stichworten suchen. Dabei können sich die Objekte (Informationen und Services) weltweit auf beliebige Rechner verteilen, ohne daß der Benutzer etwas davon merken muß.

Wenn man den Gopher-Client startet, stellt dieser eine Verbindung zu seinem voreingestellten Server her, und fordert von diesem eine Liste der verfügbaren Objekte im obersten Directory samt deren Beschreibung an. Danach wird die Verbindung zum Server wieder unterbrochen. Dem Benut-

zer wird die Liste gezeigt und er kann das Gewünschte mit Cursor und Re-
turntaste (oder mit der Maus, je nach Art des Client-Programms) auswählen.

Der Gopher-Client greift dann auf dieses Objekt zu, wobei er die vom
Server erhaltene Beschreibung verwendet, aus der er erfährt, was das Objekt
ist und wo es zu finden ist. Der Clou des Gophersystems ist, daß dieses 'wo'
auch den Namen des Servers enthält, der das Objekt zur Verfügung stellt,
und zu dem der Client eine Verbindung aufbauen muß.

Damit sind beliebige Verweise (Links) zwischen Servern möglich und für
den Benutzer transparent, da dieser nur die Baumstruktur sieht, in der er
sich bewegt. Der Gopher-Client speichert den Weg im Gopherspace, und
kehrt bei Verlassen einer Ebene in die vorherige zurück.

Weiter bietet der Gopher-Client die Möglichkeit, Objekte mit sogenannten 'Bookmarks' zu kennzeichnen. Dabei wird die Beschreibung des Objektes
unter einem frei wählbaren Titel in einer Datei lokal gespeichert. In einer
späteren Session kann man das Objekt so problemlos wiederfinden. Man läßt
sich von seinem Gopher-Client die Liste der Bookmarks zeigen, wählt das
Gewünschte aus, und der Client weiß, wo er zu suchen hat.

Was für Objekte gibt es hauptsächlich im Gopherspace ?

* *Directories (Verzeichnisse):*
  Sie sind zu erkennen an einem '/' am Ende, in einem Directory liegen
  weitere Objekte bzw. deren Beschreibungen . Wählt man ein Directory
  an, holt der Client dieses Inhaltsverzeichnis vom Server und zeigt es als
  nächste Liste an. Wieder kann man auswählen (man begibt sich in dieses
  Directory hinein)... Wenn es sich bei dem Objekt um eine Datei auf einem
  FTP-Server handelt, wird dabei das Gopher-FTP-Gateway benutzt. Der
  Benutzer merkt davon nichts.

* *Files (Dateien):*
  Dies sind in der Regel Textdateien. Sie sind zu erkennen an einem '.' am
  Ende ihres Namens (Binärdateien sind zusätzlich mit einem '<bin>' gekennzeichnet). Wird eine Datei angewählt, holt der Client sie vom Server
  und stellt sie mit einen Anzeigeprogramm für Texte (Pager) dar. Die Datei kann aber auch auf Platte gespeichert werden (ein binäres File wird
  nicht dargestellt, sondern kann nur gespeichert werden). Auch hier gibt es
  das Gopher-FTP-Gateway.

* *Telnet-Verbindungen:*
  Sie ist zu erkennen am '<TEL>' dahinter. Bei der Wahl eines solchen
  Punktes wird vom Rechner des Benutzers aus eine Telnet-Verbindung zu
  dem Rechner hergestellt, der den genannten Service anbietet. Damit kann
  z. B. auf Informations-Anbieter zugegriffen werden, die zwar keinen Gopher-Server betreiben, aber per Telnet zugänglich sind.

* *Search Machines (Suchmaschinen):*
Sie sind zu erkennen an einem ' < ? > ' dahinter. Dies sind spezielle Programme, die bei Anwahl vom Benutzer einen Suchstring abfragen, und dann eine Volltext-Datenbank danach durchsuchen. Wenn möglich, wird das Ergebnis der Suche als Liste von Objekten angezeigt. Damit kann z. B. die Datenbasis des FTP-Verzeichnisses ARCHIE nach Strings durchsucht werden, die gefundenen Einträge werden wieder als Liste von Dateien angezeigt. Diese Dateien können dann wieder mit dem Cursor angefordert werden - also sehr viel komfortabler als mit dem Archie-Programm und anschließenden FTP-Transfer. Genauso könnte eine Datenbasis der RFCs ('Request For Comments', die Standardisierungsdokumente im Internet) nach einem bestimmten Stichwort durchsucht werden. Gopher wird zunehmend in das WWW eingebunden (Siehe 2.10).

2.7 IRC - Internet Relay Chat

Nehmen wir nochmals das Beispiel mit dem Postprogramm. Sie möchten wissen, welches Programm sich für Windows am besten eignet. Diesmal plazieren Sie Ihre Anfrage jedoch nicht in einer Newsgroup, wo Sie auf eine Antwort warten müssen. Diesmal wollen Sie Ihre Frage sofort beantwortet haben. Dazu verwenden Sie den 'Internet Relay Chat' (to chat = schwatzen): Sie starten Ihr IRC-Programm und schalten auf den gewünschten Kanal (Channel), in Ihrem Fall am besten 'Windows'. Das Programm wird Ihnen anzeigen, wer noch alles auf diesem Kanal herumhängt. An dieser Stelle ist ein Absatz zum Begriff 'Kanal' nötig.

Erst die Kanäle ermöglichen vernünftige Gespräche. Stellen Sie sich vor, einige tausend Teilnehmer schwatzen durcheinander. Kein Mensch könnte dem mehr folgen. Die Kanäle erlauben kleine Grüppchen von einigen Teilnehmern. Außerdem kann man bei vielen Kanälen schon am Namen erkennen, worüber diskutiert wird. Letztendlich kann jeder IRC-Teilnehmer auch einen eigenen Kanal eröffnen und nur bestimmte Teilnehmer zu einem privaten Schwätzchen bitten. Das IRC-Programm lässt Sie nämlich beliebige Kanäle öffnen, auch solche, die noch nicht existieren. Sie wären dann einfach der erste auf diesem Kanal und hätten automatisch Operator-Status.

Normalerweise meldet sich jeder mit einem Spitznamen ('Nickname') an. Sie sollten vorher das Handbuch zu Ihrem IRC-Programm studieren. Sonst wird man Sie bald als 'Newbie' entlarven und auch entsprechend behandeln. Allerdings gibt es im Internet auch viele nette Menschen, die sich gerade gegenüber einem Newbie besonders hilfsbereit zeigen. Eventuell können Sie einen Bekannten bitten, mit Ihnen den ersten 'Chat' auf einem privaten Kanal zu führen. Sie können dann auch die einzelnen Kommandos in Ruhe ausprobieren.

Nach Verbindungsaufnahme begrüßt Sie der Server mit einigen grundsätzlichen Informationen und Neuigkeiten. IRC wird hauptsächlich über eine textbasierte Eingabe gesteuert, was für Online-Gespräche am praktikabelsten ist. Die wichtigsten Befehle sind schnell gelernt, und man kann sich mit den meisten IRC-Clienten auch zusätzlich Alias-Namen, also Abkürzungen, für die Befehle definieren.

Dazu eine Warnung: Geben Sie keine Kommandos ein, die Sie nicht kennen. Es gibt nämlich auch die Möglichkeit, innerhalb des IRC Daten zwischen zwei Benutzern zu übertragen oder einem Benutzer gewisse Zugriffsrechte auf dem eigenen Rechner einzuräumen - jedenfalls genügend Möglichkeiten für einen kleinen Schabernack mit einem 'newbie' - Handbuch oder Helpfile lesen lohnt sich hier. Und nur Mut, an das 'durcheinaderreden' mehrerer Personen gewöhnt man sich relativ rasch. Der folgende Kasten enthält die wichtigsten IRC-Befehle für den Einstieg:

Grundsätzlich beginnen alle Befehle mit einem Schrägstrich. Um einen Kanal auszuwählen, rufen Sie entweder mit '/list' eine Liste der verfügbaren Kanäle auf oder wechseln per 'join #Kanalname' direkt in einen Kanal. Nehmen wir an, Sie wollen in den Kanal #irchelp gelangen. Dazu müssen Sie '/join #irchelp' eingeben. Nun befinden Sie sich in einem Kanal, in dem Sie Hilfe zu Problemen mit IRC finden. Wollen Sie nun etwas zum Gespräch beitragen, müssen Sie Ihren Text lediglich eintippen und mit [Return] abschließen, und schon erscheint die Zeile bei den anderen Teilnehmern des Kanals. Persönliche Nachrichten an einen Teilnehmer sendet man mit '/msg <nickname>'. Eine Liste der momentan auf Ihrem Server verfügbaren Kanäle erhalten Sie mit dem Befehl '/list'. Diesen Befehl können Sie einschränken, indem Sie etwa mit '/list -min20' nur die Kanäle auflisten lassen, die mindestens 20 Teilnehmer haben. Oder Sie zeigen mit '/list #name' alle Kanäle, bei denen 'name' im Titel vorkommt. Möchten Sie mehr über einen anderen Teilnehmer wissen, geben Sie 'ctcp <Teilnehmername> finger' ein, sie bekommen dann eine dem 'Finger'-Kommando ähnliche Ausgabe auf dem Schirm. Für weiter Kommandos vertiefen Sie sich am besten in die Dokumentation zu Ihrem IRC-Programm.

Die deutschen IRC-Server sind miteinander verbunden, Sie sollten sich also immer im geographisch nächstgelegenen anmelden:

Aachen	irc.informatik.rwth-aachen.de
Berlin	irc.fu-berlin.de
Erlangen	ircserver.informatik.uni-erlangen.de
Kaiserslautern	sokrates.informatik.uni.kl.de
Karlsruhe	irc.rz.uni-karlsruhe.de
München	irc.informatik.tu-muenchen.de
Paderborn	irc.uni-paderborn.de
Rostock	irc.informatik.uni-rostock.de
Stuttgart	irc.rus.uni-stuttgart.de

2.8 WAIS - Wide Area Information Server

WAIS scheint zunächst einmal ein Informationssystem zu sein wie schon viele andere. Bislang einzigartig an WAIS ist die Art, wie auf diese Informationen zugegriffen wird. Der Zugriff auf diese Datenbanken ist mit der von Archie vergleichbar. Es wird ein Stichwort eingegeben und WAIS betreibt in einer schon zuvor ausgewählten Datenbank eine sogenannte Volltext-Suche. Hier zeigt sich die Verwandtschaft mit Gopher. Jedes Dokument, welches dieses Stichwort beinhaltet, wird in Form einer Headline ausgegeben. Entscheidet man sich für ein oder mehrere Dokumente, die rein von der Überschrift her interessant sein könnten, so kann man sich diese vollständig anzeigen lassen. Die Suche kann natürlich auch mit mehreren Stichworten und/oder mehreren verschiedenen Datenbanken betrieben werden.

Ein nicht zu verachtender Pluspunkt ist der absolut einfache Aufbau einer eigenen WAIS-Datenbank. Als Basis dafür nimmt man im einfachsten Falle eine einzige Textdatei. Das im WAIS-Programmpaket enthaltene Tool 'waisindex' indiziert diese Textdatei und erzeugt die zur schnellen Suche benötigten Zusatzdateien. Damit ist diese Textdatei als Datenbank in WAIS verfügbar und ermöglicht nun die Suche nach bestimmten Stichworten. Das Tool 'waisindex' ist sehr leistungsfähig, es können z. B. mehrere Dokumente zu einer Datenbank zusammengefaßt werden, wobei die Dokumente verschiedene Formate haben dürfen und es können auch Bilder (GIF-Format) indiziert werden.

Um auf die vorbereiteten Datenbanken zugreifen zu können, benötigt man ein WAIS-Programm, einen WAIS-Clienten. Am Textterminal muß man sich leider mit 'waissearch' zufriedengeben. Wesentlich bedienungsfreundlicher ist die XWindow-Version 'xwais'. Die Bedienung geschieht weitestgehend über die Maus, das Interface ist praktisch selbsterklärend.

Bei der Anzeige der gefundenen Dokumente, enthält jede Ergebniszeile die Überschrift des Dokumentes, seine Länge und einen 'Score', die relative Häufigkeit des gefundenen Stichwortes im Vergleich zur Größe des Dokumentes. Der höchste Score (1000) gibt an, daß dieses Dokument wohl am ehesten dem Gesuchten nahe kommt. Ist die erste Auswahl von Dokumenten zu grob, so kann man die Verweise auf die interessanteren Artikel speichern und nur in diesen gezielt weitersuchen. Sollte es mal geschehen, daß kein Stichwort in einer der vorgegebenen Datenbanken zu finden ist, so gibt xwais zusätzlich zur Fehlermeldung noch eine Übersicht aller in den angegebenen Datenbanken vorhandenen Dokumente an.

Interessant wird es eigentlich erst, wenn man auf schon vorhandene Datenbanken zurückgreifen kann. Jeder, der eine eigene WAIS-Datenbank aufbaut, hat die Möglichkeit, diese zu registrieren; damit bietet man anderen Benutzern seine Datenbank an. Das Verzeichnis aller Datenbanken nennt sich directory-of-servers.src und kann wie die anderen lokalen Datenbanken durchsucht werden. Sucht man in dieser Übersicht, so gibt er als Suchergebnisse komplette spezielle Datenbanken, die für den Benutzer interessant sein könnten. Diese sind dann genauso verfügbar wie die eigenen.

2.9 Finger

Das finger-Kommando erlaubt es, Informationen über Benutzer zu erlangen, weshalb es aus Gründen des Datenschutzes oft auch gesperrt wird. Mit dem Kommando 'finger user@host' kann man sich über einen bestimmten Benutzer informieren. Die Ausgabe sieht beispielsweise folgendermaßen aus:

> *Login: plate   Name: Juergen Plate*
> *Directory: /home/plate   Shell: /bin/sh*
> *No unread mail.*
> *On since Sun Nov 20 19:36 (MET) on ttyp3*
> *No Plan.*

Die Informationen werden einigen Standarddateien des Rechners entnommen. Interessant ist die letze Zeile. Wer möchte, kann die Finger-Info um eigene Einträge ergänzen. Dazu müssen (bei Unix-Systemen) im eigenen Home-Directory die Dateien '.plan' und '.project' erstellt werden. Diese Dateien werden dann beim Aufruf des Finger-Kommandos an den Anfrager gesendet. Man sollte sie deshalb relativ kurz halten.

Eine weitere Möglichkeit ist, einen anderen Hostrechner 'anzufingern'. Beim Kommando wird dann der Benutzer weggelassen (finger @host.domain). Man erhält dann Information darüber, welche Benutzer eingeloggt sind. Wegen eines Programmfehler ist vor einigen Jahren der Finger-Dienst als 'Hacker-Werkzeug' in Verruf geraten und von einigen Systemadministratoren gesperrt worden. Inzwischen sollten aber keine fehlerhaften Versionen mehr vorhanden sein und es gibt daher auch keinen Grund mehr, das Kommando zu sperren.

2.10 WWW - World Wide Web

Diesen Dienst habe ich aus zwei Gründen bis zum Schluß aufgespart: er ist die jüngste Erfindung im Netz und er integriert viele der anderen Dienste. Man kann so fast alles mit nur einem Programm erledigen.

WWW wurde 1989 im CERN (dem Europäischen Kernforschungszentrum in Genf, Conseil Européen pur la Recherche Nucléaire) erfunden und basiert auf einem System namens *Hypertext*. Im Hypertext wird die Information so präsentiert, daß bestimmte (Schlüssel-) Wörter eines Textes zu weiterer Information expandiert werden können. Was ist damit gemeint? Stellen Sie sich ein Lexikon vor. Sie schlagen einen Begriff nach und finden dort auch Querverweise auf verwandte Begriffe. Ist das Lexikon einbändig, müssen Sie nur etwas blättern, um den angegebenen Querverweis zu finden. Bei einem mehrbändigen Lexikon müssen Sie unter Umständen einen anderen Band aus dem Regal nehmen. Handelt es sich beim Querverweis um eine andere Literaturangabe, ist möglicherweise ein Gang zur Bibliothek notwendig.

'Hypertext' bedeutet also, daß der Text Querverweise enthält, die man mit dem Betrachtungsprogramm per Tastendruck oder Mausklick abrufen kann. Für die Benutzer von MS-Windows ist das wie in den MS-Windows Help-Files vorzustellen. Nur geht WWW sehr viel weiter, es können nicht nur lokale Dateien, sondern Dateien auf beliebigen Rechnern im Internet als Querverweis angegeben und per Knopfdruck erreicht werden.

Aber auch das ist noch nicht alles. Das WWW ist nicht nur ein weiterer verbesserter Informationsservice wie Gopher, sondern erlaubt auch die Einbindung von Bildern, Sounds oder Animationen in die Hypertext-Dokumente. Das Informationsangebot kann nun multimedial sein. Das hat letztendlich auch zur derzeitigen Popularität des Internet geführt; aber auch dazu, daß viele Menschen WWW und Internet gleichsetzen.

WWW ist aber auch der Versuch, die gesamte Information im Internet zusammenzufassen, und über ein einziges Benutzerinterface zugänglich zu machen. Für den Benutzer existieren Programme verschiedener Hersteller, 'Browser' genannt, die das WWW verfügbar machen. Die ausgewählten Wörter sind farblich hervorgehoben dargestellt und können per Mausklick expandiert werden. Damit beginnt die Reise durch das WWW. Auf dieser Reise begegnen Sie unter Umständen recht unterschiedlichen Quellen des Internet (FTP, News, Telnet, Gopher, E-Mail, ...). WWW ist dabei aber höchst flexibel und kann Ihnen sowohl einen FTP-Server als auch einen Telnet-Zugang, einen News-Reader oder weiteres immer sehr komfortabel präsentieren, so daß es in naher Zukunft für viele Nutzer nur noch dieses einzige Tool geben wird, um im Internet zu recherchieren. Die einzelnen Informationsquellen werden durch *URL*s (URL = Unified Resource Locator) bezeichnet, die den gewählten Dienst und die Datenquelle (Rechner- und Dateiname) angeben (siehe unten).

'Mosaic', 'Netscape', 'Internet Explorer', 'Hot Java' sind Programme zum Zugriff auf das WWW mit grafischer Benutzeroberfläche. Es gibt aber auch für einige Systeme textorientierte Browser, z. B. 'LYNX'. Wenn Sie das Programm starten, gelangen Sie automatisch in die 'Homepage' Ihres Systems (bzw. des Systems ihres Providers). Mit 'Homepage' wird normalerweise die Einstiegsseite eines WWW-Servers - oder auch eines Benutzers - bezeichnet. Von dort aus können Sie einfach per Menüauswahl mit den Cursortasten auf weitere Informationsseiten wechseln. Durch Auswählen eines hervorgehobenen Menüpunkts kann man Informationsseiten eines beliebigen Internetrechners abrufen, wobei der Verbindungsaufbau automatisch erfolgt. Woher die Information kommt, kann im Browser angezeigt werden. Aber nicht nur durch Unterstreichung und Farbe hervorgehobene Texte können als Link dienen, auch Bilder, beispielsweise kleine Icons, können als Link dienen. Eine weiter Möglichkeit wird durch Bilder, sogenannte Imagemaps, geboten. Hier kann der Benutzer einfach irgendwelche Stellen auf einem Bild anklicken. Die Mauskoordinaten werden an den Informations-Server übertragen und der kann entsprechend reagieren. Bei Leo (*http://www.leo.org/*) gibt es beispielsweise eine Deutschlandkarte, auf der man den gewünschten Zielort anklicken kann.

Wie Gopher basiert auch WWW auf dem Client-Server-Prinzip. Die Kommunikation erfolgt zwischen einen WWW-Server, der Informationen bereitstellt, und einem Client, der die Informationen anzeigt. Das Protokoll dafür heißt *HTTP* (HyperText Transfer Protocol). Mitttels dieses Protokolls fordert der Client bei einem Server eine ganz bestimmte Datei mit einem Hypertext-Dokument an, die oft auch als 'WWW-Seite' bezeichnet wird. Diese Datei wird dann vom Server an den Client übertragen und danach die Verbindung wieder geschlossen. Enthält das Dokument Bilder oder andere Multimedia-Teile, werden auch diese Datei für Datei übertragen. Weder Server noch Client 'merken' sich die Tatsache der Kommunikation (es gibt höchstens einen Eintrag in eine Protokolldatei auf dem Server). So ist jede Informationsanforderung ein abgeschlossener Vorgang. Etliche Browser können für ein Dokument, das aus mehreren Dateien besteht auch mehrere Übertragungen parallel öffnen. Bilder bauen sich dann z. B. simultan auf. Dadurch wird aber auch die Belastung des Netzes erhöht. Damit Seiten, die öfter aufgerufen werden, nicht immer über das Netz transportiert werden müssen, können die meisten Browser WWW-Seiten lokal zwischenspeichern (Cache-Speicherung). Es erfolgt dann nur eine kurze Anfrage an den Server, ob sich die entsprechende Info seit dem letzten Zugriff geändert hat. Ist dies nicht der Fall, wird die Info lokal von der Platte geholt. Die größeren Provider und Uni-Rechenzentren unterhalten ebenfalls ein Cache-System. Wenn ein Benutzer eine WWW-Seite anfordert, wird die Info auf der Platte des Providers zwischengespeichert. Bei der Anfrage eine weiteren Benutzers nach derselben Seite innerhalb eines bestimmten Zeitraums wird die lokale Info zur Verfügung gestellt ('Proxy-Cache', 'Proxy-Server'). Die Proxy-Software überprüft regelmäßig, ob sich die lokal gespeicherten Infos eventuell geändert haben und aktualisiert sie gegebenenfalls. Nicht mehr gefragte Seiten werden nach einiger Zeit gelöscht.

Die Browser selbst brauchen natürlich die Fähigkeit, nicht nur Text schön darzustellen, sondern auch Bilder anzuzeigen oder Töne abzuspielen. Für die gebräuchlichsten Dateiformate im WWW sind die entsprechenden Darstellungsprogramme im Browser integriert (z. B. für die Bildformate GIF und JPEG oder die Audio-Formate AU und WAV). FÜr andere Bildformate kann man dem Browser in einer Konfigurationsdatei mitteilen, welche externe Programme ('Plug-In' genannte) für bestimmte Dateiformate aufzurufen sind. Auf diese Weise kann man den Browser für beliebige Datenformate fit machen. Teilweise liefern auch schon die Browser-Hersteller solche Plug-Ins mit. Die Angabe des Anzeigeprogramms kann sogar interaktiv erfolgen. Stößt der Browser auf ein unbekanntes Dateiformat, wird der Benutzer gefragt, ob er ein Anzeigeprogramm angeben möchte oder ob die Datei auf der Platte gespeichert werden soll. In diesem Zusammenhang noch ein Hinweis: Alles was man beim 'surfen' im WWW auf dem Bildschirm sieht, ist in den lokalen Rechner übertragen worden und kann natürlich auch dauerhaft abgespeichert werden (File-Menü des Browsers, Menüpunkt 'Save as...'). Ebenso lassen sich die Bilder abspeichern (beim Netscape-Browser Mauszeiger auf das Bild ziehen, rechte Maustaste drücken).

Eigentlich ist das, was der Browser auf dem Bildschirm zeigt, die Wiedergabe einer Textdatei, die bestimmte Strukturierungsmerkmale enthält (probieren Sie mal den Menüpunkt 'view source' Ihres Browsers aus). Die Definitionssprache für solche Hypertext-Dokumente ist recht einfach, die heißt HTML (HyperText Markup Language). HTML besteht aus normalem Text, bei dem Steueranweisungen, sogenannte HTML-'Tags' in den Text eingefügt werden. Diese Tags beeinflussen das Schriftbild, das später im Betrachtungsprogramm angezeigt wird; so gibt es zum Beispiel Tags um Überschriften zu erzeugen, oder Tags, die das Schriftbild verändern können. die Tags werden immer in '< ... >' eingeschlossen. Mit nur wenigen Tags lassen sich schon sehr ansprechende Dokumente erstellen (worauf in Kapitel 4 noch genauer eingegangen wird).

Damit sind wir bei einem sehr wichtigen Punkt angelangt. HTML beschreibt die Struktur eines Dokuments, nicht dessen Aussehen! Denn der Informationsanbieter kann ja nicht wissen, ob der Leser seine Infos mit einem grafischen oder textorientierten Browser liest. Auch Bildschirmauflösung des Client-Computers, aktuelle Größe des Browser-Fensters, Farb- und Schriftwahl des Benutzers spielen eine Rolle. Manchen Benutzer schalten die Darstellung der Bilder ab, um Übertragungszeit zu sparen. All das sollte der Anbieter berücksichtigen (manchen tun es, manche nicht). HTML ist eben kein Desktop-Publishing, sondern eine Struktursprache.

Wie kommt man zu interessanten Informationen?

Es gibt generell drei Möglichkeiten:

1. Durch Empfehlung von Bekannten (es können auch Informationen aus den News sein). Jemand sagt also zu Ihnen: "Probiere mal dieses URL aus: http://www.fh-muenchen.de/". Das tippen Sie ins Adressfenster von Mosaic oder Netscape, und schon landen Sie auf dem entsprechenden Computer, der Ihnen die gewünschte Information serviert.

2. Durch Netsurfen. Sie starten einfach irgendwo. Klicken Sie auf eine der farbig hervorgehobenen Textstellen (das sind sogenannte 'Hot Links'), und Sie werden auf einem Server irgendwo in der großen weiten Welt landen. Die Chance ist groß, daß diese Web-Seite weitere 'Hot Links' enthält und so werden Sie von von Australien bis Japan springen und dabei, so Gott will, ein paar interessante Dinge entdecken (und, falls Sie Ihr Datenvolumen bezahlen müssen, den nächsten Monat nicht mehr netsurfen).

3. Durch Suchen. Ähnlich wie bei Gopher gibt es etliche Server, die mit Suchmaschinen einen Index vieler, vieler WWW-Server anlegen. In diesem Index kann man dann nach Stichworten suchen.

Oft hat man schon eine recht große Anzahl an Bildschirmen und WWW-Schritten hinter sich, bis man an der gewünschten Stelle oder interessanter Information angekommen ist. Um sich einen relativ langen oder umständlichen Weg bis zu dieser Stelle ein zweites Mal zu ersparen, kann man solche Stellen im WWW in der persönlichen 'Hotlist' eintragen und dann per Mausklick oder Tastendruck abrufen.

Ein weiteres Merkmal des WWW ist die Schreiboption. Damit ist es möglich, Formulare, z. B. Bestellscheine von Bibliotheken oder Anmeldungen für Konferenzen, auszufüllen und abzuschicken. Diese Formulare werden dann von Programmen auf dem Server-Rechner bearbeitet und diese schicken dann die Antwort wieder als WWW-Dokument zurück.

Was ist ein URL?

URL ist, wie schon weiter oben erwähnt, die Abkürzung für 'Uniform Resource Locator'. Ein URL wird im Netz verwendet, um eine Referenz auf Informationen vollständig zu bezeichnen. Mit einem URL wird nicht nur eine Datei und das zugehörige Verzeichnis, sondern auch der Rechner festgehalten, auf dem diese zu finden ist. Nachdem es im Internet verschiedene Dienste (z. B. Mail, News, FTP, Gopher, WWW) und somit verschiedene Protokolle gibt, wird schließlich noch die Zugriffsmethode festgehalten. Die allgemeine Syntax eines URL lautet somit:

Protokoll://Rechneradresse:Port/Dateipfad/Dateiname

Ein URL besteht also aus vier Teilen, wobei nicht immer alle Teile aufgeführt werden müssen (meist ist z. B. keine Portangabe nötig). Beim Gopher-Protokoll wird statt Pfad- und Dateiname der Menütyp (01 fürs Startmenü) und ein Pfad angegeben. Das Protokoll gibt an, welcher Dienst genutzt werden soll. Für die 'normalen' WWW-Seiten steht für das Protokoll 'http', aber es sind auch andere Dienste mit dem WWW_Browser abrufbar:

* ftp   Dateitransfer mittels (anonymen) FTP
      z. B. ftp://ftp.microsoft.com/pub/drivers/mouse/mouse.sys
* gopher   Informationsrecherche auf einen Gopher-Server
      z. B. gopher://gopher.dingsda.com

* newsLesen und Schreiben von News
      z. B. news://news.space.net/misc.misc

* http Lesen von WWW-Seiten (HyperText Transport Protocol)
      z. B. http://www-lbs.e-technik.fh-muenchen.de/index.html

* mailto   Adresse für E-Mail
      z. B. mailto:plate@e-technik.fh-muenchen.de

Die Portangabe hat einen sehr technischen Hintergrund. Um die einzelnen Dienste zu unterscheiden, wird beim TCP/IP-Protokoll (vereinfacht gesagt) eine Nummer zugewiesen, eben die Port-Nummer. Es gibt allgemein festgelegte Ports, z. B. 80 für das http-Protokoll. Solche Standard-Ports müssen nicht angegeben werden. Man kann aber auch unbelegte Portnummern verwenden, beispielsweise um einen modifizierten WWW-Dienst anzubieten. In diesem Fall muß dann die Portnummer angegeben werden.

Sie sehen, ein URL ist ein nützliches Instrument, um Informationsquellen im Netz eindeutig zu bezeichnen. Inzwischen wird die Form der URL-Schreibweise nicht nur in WWW-Dokumenten, sonder auch ganz allgemein verwendet, um auf eine Resource hinzuweisen, z. B. in einer E-Mail.

2.11 Ping

Dieses Programm ist ein kleines Tool, mit dem man feststellen kann, ob ein ferner Rechner überhaupt erreichbar ist. Ping variiert bei den verschiedenen Systemen, aber mit dem einfachen Aufruf:

ping Rechnername

kann man den fernen Rechner 'anklingeln'. Je nach Programmversion erhält man nur die Meldung *Rechnername is alive* wenn alles in Ordnung ist - oder eine der Fehlermeldungen *'no answer'*, *'unknown host'* oder *'network unreachable'*.

2.12 Traceroute

Um festzustellen, welchen Weg die Datenpakete zu einem fernen Rechner nehmen und wie "gut" die Verbindung dorthin ist, kann man 'traceroute' einsetzen. Das Programm schickt UDP-Pakete mit unterschiedlicher "Lebensdauer" an einen unbenutzten Port und wertet so die Fehlermeldungen der einzelnen Router und Gateways aus. Dem Kommando wird wie bei Ping nur der Rechnername oder eine IP-Nummer als Parameter übergeben. Für jeden Gateway wird dann auf dem Bildschirm eine Zeile ausgegeben:

Zähler Gateway-Name Gateway-IP-Nummer "round-trip"-Zeit (3 Werte)

Traceroute sendet jeweils drei Datenpakete. Wenn auf ein Paket keine Antwort erfolgt, wird ein Sternchen (*) ausgegeben. Ist ein Gateway nicht erreichbar, wird statt einer Zeitangabe '!N' (network unreachable) oder '!H' (host unreachable) ausgegeben. Man kann so feststellen, wo eine Verbindung unterbrochen ist und auch, welchen Weg die Daten nehmen - also auch, wo der Zielrechner in etwa steht. Bei grafischen Benutzerschnittstellen erfolgt die Parameterangabe über Dialogfelder und nicht in der Kommandozeile. Traceroute ist ein Diagnosetool, welches eine gewisse Netzlast erzeugt. Man sollte das Kommando also nicht nur zum Spaß verwenden.

2.13 Whois

Dieser Dienst liefert Informationen über Netzteilnehmer (sofern sich diese bei einem Whois-Server haben registrieren lassen. Das kann man über ein Formular, *netinfo/user-template.txt* auf *nic.ddn.mil*, machen, das dann an *registar@nic.ddn.mil* geschickt wird). Das Kommando lautet:

whois Namensangabe

wenn der voreingestellte Server verwendet wird. Mit Serverangabe lautet das Kommando:

whois -h Serverrechner Namensangabe

Man erhält dann alle Angaben aus der Datenbank, die zur Namensangabe passen. Als Namensangabe kann entweder ein Userpseudonym (Login-Name) oder der "echte" Name, eventuell als 'Nachname, Vorname', angegeben werden. Bei grafischen Benutzerschnittstellen erfolgt die Parameterangabe über Dialogfelder und nicht in der Kommandozeile. Der Aufruf *whois plate* liefert (neben anderen 'Plates', die ich hier weggelassen habe):

```
person:    Juergen Plate
address:   Fachhochschule Muenchen, FB 04
address:   Dachauerstr. 98 b
address:   D-80335 Muenchen
address:   Germany
phone:     +49 89 1265-2940
fax-no:    +49 89 1265-1299
e-mail:    plate@e-technik.fh-muenchen.de
nic-hdl:   JP98-RIPE
notify:    guardian@space.net
mnt-by:    DENIC-P
changed:   svb@space.net 960311
source:    RIPE
```

Durch die Angabe 'do Domainname' gibt es Infos über die entsprechende Domain. Ebenso kann man sich mit 'host Rechnername' über einzelne Computer oder mit 'net Netzwerknummer' über Netze informieren.

Zum Beispiel *whois fitug.de*:

```
domain:    fitug.de
descr:     Foerderverein Informationstechnik und Gesellschaft e.V.
descr:     FITUG e.V. c/o Prof. Juergen Plate
descr:     Fachhochschule Muenchen, FB 04
descr:     Dachauerstr. 98 b
descr:     D-80335 Muenchen
descr:     Germany
admin-c:   JP98-RIPE
tech-c:    GD9-RIPE
zone-c:    SVB
nserver:   ns.space.net
nserver:   ecrc.de
nserver:   ns.hamburg.pop.de
mnt-by:    DE-DOM
changed:   jens@nic.de 960312
source:    RIPE
```

Hier würden dann noch die Angaben über admin-c, tech-c und zone-c folgen.

Fehlt das Whois-Kommando, eröffnet man eine Telnet-Verbindung zu *nic.ddn.mil* und gibt 'whois' nach dem @-Prompt ein. Es kommt dann der Prompt 'Whois:' und man kann dann interaktive Anfragen absetzen (z. B. das 'help'-Kommando).

2.14 Java und VRML

Hierbei handelt es sich strenggenommen nicht um Dienste im Internet, sondern um Erweiterungen des WWW-Dienstes. Aus diesem Grund folgt an dieser Stelle auch nur ein knapper Überblick. Die Entwicklung der WWW-Browser schreitet hier rasant voran. Was mit der einfachen Darstellung von Texten mit der Einbindung von Multimedia-Elementen begann, entwickelt sich heute in Richtung 'virtuelle Realität' mit dreidimensionalen Darstellungen, Animationen und mehr.

2.14.1 Java

Mit JAVA hat SUN Microsystems etwas Neues geschaffen. Es können nun mit einer WWW-Seite nicht nur Text, Bilder, Sounds oder Animationen in den lokalen Rechner geliefert werden, sondern Programme, die dann ablaufen. Statt beispielsweise ein Diagramm als Grafik zu senden, wird nun ein Diagramm-Zeichenprogramm mit den Daten geschickt. Um dann die Änderung der Daten kontinuierlich zu zeigen, müssen nun nur noch wenige Daten gesendet werden. JAVA ist eine richtige Programmiersprache, die so ähnlich wie C + + aussieht. Wenn man im Browser eine Seite mit einem JAVA-Programm wählt, wird dieses Programm übertragen und dann vom lokalen Browser ausgeführt.

Der Ansatz für Java entstand noch unter der Prämisse, Java auf intelligenten Peripheriegeräten, z. B. beim interaktiven Fernsehen, einzusetzen. Eine logische Konsequenz daraus war der Wunsch nach Vereinfachung gegenüber existierenden Technologien und nach geringem Ressourcenverbrauch. C + + wurde daher schon recht früh als Programmiersprache verworfen. Um aber den Aufwand des Umstiegs für C + +-, Smalltalk- und Eiffel-Programmierer gering zu halten, entlehnt Java zum Teil deren Konzepte und legt die C + +-Syntax zugrunde. Wichtige Unterschiede zwischen Java und C + + sind die Eliminierung der 'herkömmlichen' Zeiger, der zusammengesetzten und der vorzeichenlosen Datentypen. Neu (zumindest gegenüber C + +) sind 'sichere' Arrays, ein neuer Mechanismus zur Vererbung aus mehreren Klassen (multiple inheritance) und vor allem ein Garbage Collector, der Speicherbereiche, die nicht mehr referenziert werden, automatisch freigibt. Für jede in einer Quelldatei definierte Klasse erzeugt der Compiler 'javac' ein sogenanntes Class-File. Der Java-Interpreter verwaltet ähnlich wie Smalltalk eine virtuelle Maschine, die den von 'javac' erzeugten Bytecode ausführt.

Der Interpreter überprüft den Bytecode vor der Ausführung auf unerlaube Zugriffe auf Ressourcen. Auf diese Weise sind zwei Ausführungsmodi möglich: einem lokal gestarteten Java-Applet kann der Benutzer den Zugriff auf den Rechner erlauben. Aus dem Netz geladene Applets behandelt Java dagegen äußerst mißtrauisch. Sie sind quasi in den Interpreter eingesperrt und genau definierte und vom Benutzer kontrollierte Möglichkeiten, beispielsweise auf die Festplatte zu schreiben. Zusätzlich wird jedes Applet vor und während der Ausführung auf korrekte Benutzung der Methoden und Instanzvariablen, mißbräuchliche Benutzung von Objektreferenzen, Stack-Überläufe und Zugriffsbeschränkungen getestet. Auch das Überschreiben von als sicher akzeptierten Klassen aus der lokalen Klassenbibliothek durch potentiell gefährliche Klassen aus dem Netz ist nicht ohne Erlaubnis des Benutzers möglich. Dies kann soweit gehen, daß er jedes Laden einer extemen Klasse bestätigen muß.

Ab der Version 2.0 bietet Netscape viele neue Funktionen; so ist z. B. eine Variante der Sprache JAVA, JavaScript, integriert. Leider sind JAVA und Javascript gerade dabei sich auseinanderzubewegen. Es handelt sich jetzt schon um unterschiedliche Sprachen.

2.14.2 VRML

Wer nun denkt, mit JAVA sei das Ende erreicht, der täuscht sich. Eine faszinierende Erweiterung für 3D-Grafiken ist die Beschreibungssprache

VRML (Virtual Realiy Modeling Language). Statt riesiger Animationsdateien werden auch hier nur Anweisungen geschickt, wie eine dreidimensionale Animation aussehen soll. Die so definierten Animationen werden dann auf dem lokalen Rechner erzeugt. Im Grunde ist dies keine grundlegende Neuerung, denn jedes Raytracingprogramm arbeitet mit einer solchen 3D-Sprache, die Software berechnet anhand der Beschreibung die jeweilige Szenerie und stellt sie grafisch auf dem Bildschirm dar. VRML wird derzeit speziell auf die Bedürfnisse von WWW und Internet zugeschneidert, verfügt daher über spezifische Fähigkeiten, etwa die Einhindung von HTML-Dokumenten in 3D-Szenen. Die Entwicklung von VRML begann im Frühjahr 1994 auf der jährlich stattfindenden World-Wide Web Conference in Genf. Der Name VRML wurde damals geboren, allerdings noch als 'Virtual Reality Markup Language'.

3 Wie kommt man hinein

Wenn man Uni-, TU- oder FH-Angehöriger ist, stellt der Zugang kein Problem dar, man muß nur den Zuständigen für die Netzanbindung finden. Wenn man Mitarbeiter einer Firma ist, kann man ebensoviel Glück haben (insbesondere, wenn es eine Computerfirma ist).

Wenn beide Fälle für Sie nicht zutreffen, bleiben zwei Wege: Entweder, Sie überzeugen die Geschäftsleitung Ihrer Firma von den Vorteilen eines Internet-Zugangs (siehe 3.4) oder Sie suchen sich einen Privatzugang. Das kann über sogenannte 'Service-Provider', größere Mailboxen (z. B. auch AOL, CompuServe oder T-Online) geschehen. Die verschiedenen Arten des Zugangs und die überregionalen Provider werden in diesem Kapitel besprochen.

Dann braucht man nur noch zwei Dinge, um ins Netz zu kommen: das erste ist ein Computer mit direkter Anbindung an ein LAN oder mit einer Modemverbindung zu einem Provider und das zweite ist die notwendige Software (siehe 3.3). Die Basis der Software bildet zunächst einmal ein Treiber für die TCP/IP-Kommunikation. Darauf setzen dann alle Programme auf. Für PCs gibt es mehrere Möglichkeiten: bei Netzwerksystemen wie Novell Netware muß das Protokoll meist nur eingebunden werden. Auch für Windows 3.11 gibt es passende Treiber. Speziell für den Modemanschluß, aber auch für direkte Netzanbindung eignet sich der Trumpet-Winsocket, der auch die ganze Anwahl erledigen kann. Im Anhang werden einige Pakete vorgestellt. Dort erfahren Sie auch, wie Sie an passende Software kommen. Beim Apple Mac ist eigentlich schon alles dabei, ebenso bei allen UNIX-Rechnern.

3.1 Die verschieden Arten des Zugangs

In Kapitel 1 hatte ich definiert, daß ein Rechner allgemein dann als zum Internet gehörend angesehen wird, wenn:

* er mit anderen Rechnern über TCP/IP kommunizieren kann,

* er eine Netzadresse (IP-Nummer) besitzt und

* er mit anderen Rechnern kommunizieren kann, die eine Netzadresse haben.

47

Man kann die Zugehörigkeit zum Internet aber noch etwas weiter klassifizieren. RFC 1775 (RFC = 'Request for Comment' = Standadisierungsdokument im Internet) unterscheidet vier verschiedene Arten/Stufen des Internet-Zugangs:

1. *Full Access*

Der Rechner ist über Standleitung angebunden und arbeitet als Client und Server. Der Benutzer kann alles machen, was denkbar ist. In der Regel nur für Hochschulen und Firmen realisierbar. Notwendig, wenn man Informationsanbieter werden will.

2. *Client Access*

Der Rechner hat einen Einwähl-Zugang über Telefonleitung (Modem) oder ISDN. Es wird ein serielles Internet-Protokoll verwendet (SLIP/PPP). Der Rechner verwendet Client-Software und ist nur solangen im Netz, wie die Wählverbindung besteht. Für Firmen mit rein passiver Nutzung und den Privatmann interessant. Durch ISDN ist der Übergang zum 'Full Access' gleitend, da hier die Leitung innerhalb von Sekunden steht.

3. *Mediated Access*

Der Benutzer hat einen Online-Account: Auf dem lokalen Computer läuft ein Terminalprogramm, mit dessen Hilfe eine temporäre Verbindung zum Provider über Telefonleitung (Modem) oder ISDN unterhalten wird. Das System verhält sich wie ein Terminal am eigentlichen Internet-Rechner. Zusätzlich ist meist ein Datentransfer möglich. Für Firmen, die nur E-Mail betreiben und den Privatmann. WWW-Zugang kann meist nur im Textmodus erfolgen.

4. *Messaging Access*

Es handelt sich um einen Teilzugang für E-Mail und News. Die Nachrichten werden offline erstellt bzw. gelesen. Die Daten werden dann als Block zu einen fernen Rechner übertragen (per Modem oder ISDN). Das Protokoll ist meist UUCP (Unix-to-Unix-Copy). Das funktioniert aber sogar noch im finstersten Urwald (sofern man sein Satellitentelefon mit hat).

Nicht alle Formen des Zugangs lassen sich in die o. g. Gruppen leicht einordnen. Beispielsweise bietet die Telekom seit September 95 über T-Online (war Datex-J, war Btx) einen Zugang zum Internet für WWW und E-Mail. Das ist einerseits ein Mediated Access, andereseits ein Client Access. Der Messaging Access ist übrigens gar nicht so schlecht, wie man zunächst denken mag. Es gibt etliche Rechner, welche andere Internet-Dienste über E-Mail anbieten. So kann man sich z. B. von manchen FTP-Servern Dateien per E-Mail schicken lassen, wenn man FTP nicht nutzen kann. Selbst Gopher- oder WWW-Dokumente kann man sich so schicken lassen und dann auf dem lokalen Rechner ansehen. Zu diesem Thema gibt es ein FAQ-Dokument: 'Accessing The Internet By E-Mail' (internet-services/access-via-email).

3.2 Internet-Provider

Der Haupt-Anteil der Internet-Kosten wird derzeit noch von Regierungs-stellen und Hochschulen bezahlt. Es gibt aber bereits etliche kommerzielle Netzbetreiber, sogenannte 'Provider', die natürlich für Leitungskosten, etc. bezahlen müssen und diese Kosten an den Kunden weitergeben. In den USA sollen mittlerweile mehr als 50 Prozent der Internet-Kosten von kommerziel-len Organisationen getragen werden.

Internet-Provider stellen Unternehmen und Privatleuten einen Internet-Zugangzur Verfügung. Manche Provider sind ausschließlich für Privatperso-nen da und dafür sehr günstig (IN e. V., sub-Netz e. V.), andere übernehmen alle Kunden. CompuServe bietet seinen Benutzern seit kurzem Internet-Zu-gänge und ebenso das gerade im Aufbau befindliche Microsoft-Netz (MSN). Auch über Datex-J (Btx) wird derzeit ein Internet-Zugang eingerichtet (dann wird das Ganze 'Telekom Online' heißen). Für Firmen sind Provider wie EUNet oder Xlink interessant.

Je nach Provider zahlt man entweder für die Online-Zeit oder für das transportierte Datenvolumen. Hinzu kommen die Telefonkosten für die Mo-dem- oder ISDN-Verbindung zum Provider. Dieser sollte sich darum im Nahbereich befinden. Viele Provider unterhalten mehrere Einwählpunkte in ganz Deutschland (POP = Point Of Presence). Die Kosten liegen zwischen ca. 15 Mark/Monat (E-Mail und News) bis hin zu mehreren tausend Mark (Standleitung).

3.3 Hardware, Software und Betriebssysteme

Grundsätzlich ist die Teilnahme am Internet nicht an bestimmte Compu-ter oder Betriebssysteme gebunden. Es ist nur so, daß es auf manchen Syste-men einfacher geht als auf anderen. So sind z. B. Unix-Workstations von vorne herein mit Software für TCP/IP und Internet-Dienste ausgerüstet. Bei PCs muß man sich die passende Ausstattung noch zukaufen (z. B. Internet Chameleon) oder zusammensuchen (es gibt gerade in diesem Bereich sehr gute Shareware). Bei Windows 95 ist bereits viel Software für den Internet-Zugang (nicht nur über das Microsoft Network) enthalten. Ebenso gibt es passende Tools für OS/2 (Anbieter 1&1). Generell geben hier auch die Provider Tips oder bieten passende Softwarepakete an. Im Anhang wird auch gezeigt, wie man sich vom Server des Autors Internet-Software holen kann, sobald man einen Zugang zum Netz hat.

Standleitungsverbindungen und Großrechneranbindungen erforden vielfältige und teilweise spezielle Maßnahmen, hier kann ich keine allgemeinen Hinweise geben. Alle anderen Verbindungen werden bei Bedarf als Wählverbindungen hergestellt. Beim PC oder der Workstation genügt ein Modem oder ein ISDN-Adapter für die Verbindung zum Provider.

Für den 'Mediated Access' oder 'Message Access' genügt eines der vielen Terminalprogramme; beim PC z. B. Telix, Telemate, Procomm, Unicomm, Fritz! für ISDN, usw. Für den 'Client Access' wird spezielle Software benötigt, die eine TCP/IP-Verbindung über eine Modem- oder ISDN-Leitung realisiert. Die Protokolle sind hier SLIP (Serial Line Internet Protocol) oder PPP (Point to Point Protocol). Für PCs ist hier verschiedene Software erhältlich, z. B. 'Trumpet Winsocket' für DOS/Windows. Auch für OS/2 gibt es entsprechende Pakete. Das neue Windows 95 kommt mit TCP/IP-Unterstützung, PPP-Software und allem 'drum und dran' - schließlich soll der Käufer mit Microsofts Online-Dienst MSN arbeiten können.

Dünner ist die Decke, wenn man Anbieter werden will, z. B. selbst WWW-Seiten oder FTP-Dienste anbieten. Dann muß die Leitung zum Provider zumindest eine ISDN-Verbindung sein (entweder permanent oder 'on demand'). Für Windows NT und Windows 95 wird ein WWW-Server (Website) von O'Reilly angeboten. Auch für Novell Netware bekommt man inzwischen entsprechende Programme. Ideal ist für einen Anbieter-Rechner jedoch das Betriebssystem Unix. Es ist ein Multiuser- und Multitasking-Betriebssystem, das auch entsprechende Sicherheitskomponenten enthält. Zudem ist die Entwicklung des Internets eng mit der Entwicklung von Unix verbunden, so daß hier auch eine große Zahl von Hilfsprogrammen zur Verfügung steht. Inzwischen gibt es auch zwei frei erhältliche Unix-Systeme, 'Linux' und 'Free BSD', die stabil laufen und alles bieten, was das Herz begehrt. Übrigens - so schwer, wie manche Leute sagen, ist die Bedienung von Unix gar nicht zu lernen.

Auf der Anwenderseite ist die Auswahl an Software recht groß. Wie in der Einleitung schon erwähnt, hängt die Software vom Rechnertyp und Betriebssystem ab. Daher kann ich hier nur ein paar allgemeine Hinweise geben. Grundsätzlich kann man zwei Bereiche unterscheiden. Der eine Bereich wird von der Basissoftware zur Bearbeitung des TCP/IP-Protokolls gebildet. Diese Software kommt in der Regel vom Betriebssystemhersteller (Novell Netware, Microsoft Windows 3.11 oder Windows95, Linux), kann aber auch aus dem Sharewarebereich stammen, z. B. die TCP-Software von Trumpet. Für die unterste Schicht, beispielsweise die Anbindung der Netzwerkkarte, kommen die Treiber auch vom Kartenhersteller selbst oder aus dem Sharewarebereich (die sogenannten 'packet drivers'. Mit der Software für TCP/IP kann man aber noch nichts anfangen. Für die verschiedenen Dienste gibt es jeweils einzelne Programme, wobei manchmal auch einige Dienste kombiniert werden. So kann das Programm PINE sowohl E-Mail als auch News bearbeiten. Der WWW-Browser von Netscape kann beispielsweise auch E-Mail, News und FTP bedienen. Für jeden Dienst gibt es eine ganze Auswahl von Programmen, man kann sich da nach eigenem Geschmack etwas zusammenstellen - oder auch auf Komplettpakete zurückgreifen. Und dann bietet sich auch hier natürlich UNIX an, etwa die oben erwähnten freien Systeme. Auch hier sind inzwischen grafisch orientierte Benutzerschnittstellen Standard und die Bedienung ist dementsprechend benutzerfreundlich.

3.4 Verhalten im Internet

Da das Internet ein 'Netz der Netze' ist, gibt es von Region zu Region unterschiedliche Benutzungsregeln, die den Gebrauch bestimmen. Große Teile des Internets werden von der öffentlichen Hand bezahlt, so daß z. B. der kommerzielle Gebrauch dieser Netze von vornherein beschränkt sein muß. Das Deutsche Wissenschaftsnetz, betrieben von der Deutschen Bundespost Telekom, wird bezahlt vom Verein zur Förderung eines Deutschen Forschungsnetzes (DFN-Verein) durch die Anschlussgebühren, die die Mitglieder des Vereins entrichten. Finanziert wird der Verein hauptsächlich durch das Bundesforschungsministerium und die Beiträge seiner Mitglieder. Diese sind zum größten Teil die deutschen Universitäten, aber auch Forschungsabteilungen von Firmen können Mitglied im DFN-Verein werden. Der Gebrauch des WiN ist also zu Forschungszwecken auch kommerziellen Einrichtungen erlaubt. Rein kommerzielle Zwecke wie Werbung, Angebots- und Rechnungsstellung sind dagegen im WiN nicht gestattet. Die Grauzone ist hier natürlich beliebig groß. Ähnliche Strukturen findet man überall im Internet. So wurde in USA vor ein paar Jahren beschlossen, die bis zu diesem Zeitpunkt parallel gefahrenen Netzwerke jeder Bundesbehörde im Bereich Lehre und Forschung (NFSNET, NASA Science Internet, ...) zusammenzulegen, um das NREN zu bilden (National Research and Education Network). Das Netz darf zu Zwecken der Forschung und Lehre oder der Unterstützung der Forschung und Lehre verwendet werden. Dieser zweite Teil ist sehr wichtig, da er Firmen erlaubt, Kundenkontake zu Forschungsinstitutionen zu pflegen. Aber nicht nur die öffentlichen Investitionen zählen hier, sondern auch der Arbeitsaufwand und Kreativität von Fachleuten sowohl im öffentlichen Bereich als auch in der Wirtschaft. So dauern beispielsweise die Abstimmungsprozesse in der internationalen Standardisierung seit mehreren Jahrzehnten an. Dazu kommt die tagtägliche sorgfältige Pflegearbeit im weltweiten Verbund.

Auch für den einzelnen, 'authorisierten' Benutzer gibt es einige Dinge beim Gebrauch des Netzes zu beachten. Der Aufbau des Internet läßt sehr viel Raum für Individualismus, birgt aber auch gleichzeitig viele Gefahren für Mißbrauch. Die Nutzung des Netzes unterliegt daher rechtlichen und ethischen Grundsätzen. So selbstverständlich, wie manche meinen, ist der freie Zugang zum Internet nämlich nicht. Nicht immer ist die persönlich optimale

Nutzung auch global optimal. Jeder Teilnehmer sollte darauf achten, daß die Netzbelastung in vertretbaren Grenzen bleibt. Der Mißbrauch selbst durch eine kleine Gruppe von Netznutzern könnte das Ansehen der Netze in ihrer Gesamtheit schädigen. Die Netze sind relativ einfach zu nutzen: Mit nur wenigen Kommandos kann ein Datentransfer rund um den Globus oder ein Nachrichtenaustausch mit einer großen Zahl von Partnern ausgelöst werden. Leicht verkennt der Nutzer die Komplexität der von ihm ausgelösten Netzaktivitäten. Er sollte daher vorsichtig mit Netzaufrufen umgehen. Ein Beispiel für leichtfertigen Gebrauch stellt die Vergeudung von Ressourcen durch einen zwar autorisierten, aber unbedachten Umgang mit den Netzdiensten dar; dies gilt insbesondere für den Abruf von Daten aus den USA, wenn diese in Deutschland bereits verfügbar sind. Formen einer unsachgemäßen Nutzung sind:

*   die Verbreitung von für die Wissenschaft irrelevanten Informationen,

*   der Versuch, ohne ausdrückliche Autorisierung Zugang zu Netzdiensten - welcher Art auch immer - zu erhalten,

*   die Verletzung der Integrität von Informationen, die über die Netze verfügbar sind,

*   der Eingriff in die individuelle Arbeitsumgebung eines Netznutzer,

*   jede Art des Mithörens von Datenübermittlungen, des Stöberns in fremden Datenbeständen oder der Weitergabe von unabsichtlich erhaltenen Angaben über Rechner und Personen.

*   Unbeabsichtigte, exzessive Nutzung des Netzwerkes durch fehlerhafte oder unangepaßte Anwendungen. Beispiele hierzu sind:
    Unendlich sich wiederholende Abfragen an Server nach falschen Adressen,
    Einbinden von fremden Dateisystemen in das eigene über WAN mit NFS,

*   Intensives Betreiben von Netzwerkspielen,

*   Moralisch verwerfliche Nutzung durch:
    Verbreitung gewaltverherrlichenden oder diskriminierenden Gedankengutes,
    Verbreitung sexistischen Materials,
    Werbung per E-Mail oder in Newsgruppen.

Vielfach führen die Anwendungen zu einer Belastung des Netzes, die anderen Netzwerkbenutzern oder den Systemverwaltern nicht unbemerkt bleibt. In der Regel folgt eine freundliche Mitteilung an den Verursacher, die störende Netznutzung zu unterlassen. Falls keine Reaktion erfolgt, wird man sich noch öfters bemühen, mit dem Nutzer ins Gespräch zu kommen, bis vom zuständigen Systemverwalter der Zugang zum Internet für diesen Nutzer im Interesse der anderen gesperrt werden muß. Zum Schluß einige Verhaltensregeln:

* Informieren Sie sich über Netzanschlüsse, Dienste, Regelungen und Zuständigkeiten.

* Beachten Sie die lokalen Betriebs- und Verhaltensregeln und respektieren Sie die in anderen Teilen der Datennetze abweichenden Regelungen.

* Bedenken Sie, daß Sie Teil einer Solidargemeinschaft sind und Ihr Tun der Gemeinschaft nicht schaden darf.

* Melden Sie auftretende Probleme wie z. B. technische Mängel, unabsichtlich erhaltene Informationen oder erkannte Sicherheitslücken unverzüglich.

* Sprechen Sie mit Ihren Systemadministrator, bevor Sie neue Netzdienste nutzen. Innovationsfreudige Nutzer können zur Weiterentwicklung der Netze beitragen, aber auch allen schaden.

* Schützen Sie den Zugang zu Ihrem Rechner, indem Sie ihr(e) Paßwort(e) geheim halten und regelmäßig wechseln.

* Beachten Sie die Verhältnismäßigkeit Ihres Tuns in Hinblick auf den zu erreichenden Zweck.

* Trotz allem sind Störungen nicht auszuschließen. Üben Sie daher die nötige Toleranz.

3.5 Sicherheit

3.5.1 Allgemeines

Jeder, der seinen Rechner an das Internet anschließt, sich eine Internetadresse sowie die TCP/IP-Software besorgt und installiert, muß sich darüber im klaren sein, daß er damit seinen Rechner potentiell mit einigen Millionen anderer Rechner in Verbindung bringt. So wie man selbst alle möglichen fremden Rechner erreichen kann, ist man auch für jedermann kontaktierbar. Mit zunehmender Vernetzung wächst aber auch der Bedarf am Schutz der Privatsphäre. Während für die Briefpost und für die Telekom ein Postgeheimnis gilt, gibt es bei Mailboxen und Weitverkehrsnetzen nichts Vergleichbares. Bei einer Ansammlung von weltweit miteinander vernetzten Computern ist ein Briefgeheimnis auch nicht möglich. Nachrichten, die Sie beispielsweise über das Internet verschicken, laufen über viele Rechner (meist sind es aber nur Router). Theoretisch ist es an jeder Stelle im Netz möglich, Ihre Daten abzuhören und zu speichern. Zudem könnte jemand Dokumente unter Ihrem Namen übers Netz verschicken oder abgefangene Dokumente verfälschen (letzteres gab es natürlich auch schon beim Versand von Papierdokumenten und bei Fernschreiben oder Telefax). Das Internet ist offen und um den Individualismus auf dem Netz sowenig wie möglich einzuschränken, müssen Sicherheitsvorkehrungen an den Endgeräten vorgenommen werden.

Für Nutzer von UNIX- oder Windows-NT-Maschinen, bei denen in der Regel Server-Prozesse automatisch im Hintergrund laufen, heißt dies, daß sie ihre Maschinen gegen unberechtigten Gebrauch zu schützen haben. Sicherheitsempfindliche Netze können durch sogenannte 'Firewall'-Systeme nach außen geschützt werden. Ein 'Firewall' ist - salopp gesagt - ein Rechner mit zwei Netzwerk-Schnittstellen. Auf der einen Seite wird die Verbindung zur großen, weiten Welt hergestellt, auf der anderen Seite werden die internen Rechner angeschlossen. Von 'außerhalb' ist nur der Firewall-Rechner zu 'sehen'; die interne Netzstruktur bleibt verborgen. Weiterer Vorteil: es gibt nur eine einzige Schnittstellen nach 'außen', die sich gut überwachen läßt. Weiterhin werden alle Datenpakete zwischen den beiden Netzwerk-Interfaces vom Firewall weitergereicht. Man kann nun bestimmte Dienste und Protokolle sperren oder auch nur filtern, d. h. nach vorgegebenen Kriterien einschränken.

Für bestimmte Dienste wurden oder werden Sicherheitsmaßnahmen getroffen. So wird auf UNIX-Servern für WWW oder FTP für den Abfragenden das Datenverzeichnis zum Wurzelverzeichnis. Auf diese Weise ist auch bei Sicherheitsmängeln um Serverprogramm niemals ein Zugriff auf Dateien außerhalb des reservierten Plattenbereichs möglich. Diese Methode kann man auch für den Betrieb einer Mailbox oder einen Gast-Login ohne Paßwort verwenden.

In der Betriebssystemsoftware (und auch der Anwendungssoftware) treten immer wieder Fehler auf, die unautorisierten Zugang für 'Hacker' durch Ausnutzen von Sicherheitslöchern zuläßt. Eine hardwareunabhängige Sammlung dieser Fehler und die Initiative zur Behebung derselben unternehmen die CERTs (Computer Emergency Response Team). Wie viele Einrichtungen im Internet existieren CERTs auf mehreren Ebenen. Das deutsche CERT (DFN-CERT) ist an der UNI Hamburg lokalisiert. Die gesammelten Informationen des CERT werden auf einem FTP-Server zur Verfügung gestellt. (*ftp.informatik.uni-hamburg.de*, Directory: */pub/security*). Nachrichten an das CERT können per E-Mail an *dfncert@informatik.uni-hamburg.de* gesendet werden.

Bis auf wenige Ausnahmen (z. B. ftp-Server, WWW-Server) sind bei PCs unter DOS, Windows 3.1x oder OS/2 keine Maßnahmen zur Sicherheit notwendig, da an PCs in der Regel keine Anwendungen gestartet sind, die Kontaktaufnahme von außen akzeptieren. Problematischer ist schon Windows 95, da hier prizipiell Zugriff von Außen möglich ist. Das ändert sich natürlich sofort, wenn Zugriffsdienst angeboten werden, z. B. der Zugriff auf die Platte über NFS oder auch Fax-, Modem- oder Druckerserver.

E-Mail ist auch nicht sicher. Sowohl die Informationen im Kopf der Nachricht, als auch der eigentliche Text werden im Klartext vom Sender zum Empfänger transportiert. Jeder mit ausreichenden Zugriffsrechten auf einem Durchgangssystem könnte die Post mitlesen. Die einzige befriedigende Lösung besteht darin, zumindest den Text zu chiffrieren. Ein auf absehbare Zeit relativ sicheres und daher vieldiskutiertes Chiffrierprogramm ist PGP (Pretty Good Privacy). Manche Programme bieten hierzu mittlerweile auch eine Schnittstelle an, welche die Bedienung von PGP erleichtert. Ein anderes Problem der Sicherheit von E-Mail besteht in der Möglichkeit, einen Brief zu fälschen. Da in der Regel das From:-Feld Aufschluß über den Absender gibt, kann nur die Abschätzung der Wahrscheinlichkeit helfen zu beurteilen, ob ein Brief von president@whitehouse.gov tatsächlich vom amerikanischen Präsidenten stammt. Auch in diesem Fall verschafft PGP ansatzweise Abhilfe, indem die Briefe mit einer digitalen Signatur versehen werden können. PGP steht zur freien Verfügung. Das Programm findet sich auf vielen ftp-servern für unterschiedliche Betriebssysteme. Es ist sehr gut dokumentiert (englisch): nicht nur die Bedienung, sondern auch die dahinterstehende Philosophie und Technik werden erläutert.

Da die Datenpakete ihren Weg mitunter über mehr als 20 Rechner nehmen können, besteht grundsätzlich die Möglichkeit, daß irgend jemand die Daten 'abhört' (z. B. mit dem Programm 'tcpdump') oder verändert weitergibt. Da auch die Paßworte beim Telnet- oder FTP-Login im Klartext weitergegeben werden, besteht die (normalerweise sehr geringe) Möglichkeit, daß jemand an diese Information kommt. Ebenso ist es dem Fachmann möglich, Absenderadressen bei News oder E-Mail zu fälschen ('fakemail', 'fakenews', siehe oben). Es ist daher nicht ratsam, z. B. Kreditkartennummern oder andere vertrauliche Daten offen über das Internet zu versenden. Abhilfe schaffen hier beispielsweise kryptographische Verfahren und Methoden, eine Nachricht zu authentifizieren (elektronische Unterschrift). Bei Netscape ist bereits eine gesicherte Übertragung implementiert. Eine allgemeine Lösung ist über das S-HTTP-Protokoll bereits erarbeitet.

Die größte Sicherheitslücke ist jedoch nach wie vor der Benutzer selbst. Paßwörter werden aufgeschrieben (klassisches Beispiel: der Zettel, der unter der Tastatur klebt) oder sie sind aus dem persönlichen Umfeld entnommem (Vornamen von Frau, Mann, Kindern, Hund, die eigene Telefonnummer, die Automarke, usw.). Selbst das Paßwort 'geheim' wird immer noch angetroffen. Auch 'Joshua' aus dem Film 'War Games' war eine Zeit sehr beliebt. Übertroffen wird das nur von '1234567' oder 'qwertz'. Wer sich ein kompliziertes Paßwort nicht merken kann, sollte es mit den Anfangsbuchstaben eines Merksatzes versuchen. So ergibt z. B. 'Fest gemauert in der Erden steht die Form aus Lehm gebrannt' (Schiller: Lied der Glocke) das Paßwort

'FgidEsdFaLg'. Es gibt übrigens Paßwort-Knackprogramme, die einfach und brutal das Rechtschreibwörterbuch, Namenslisten usw. verwenden, um Paßwörter durch Probieren herauszufinden.

3.5.2 Pretty Good Privacy

Schon seit längerer Zeit überlegen sich Experten, wie man die Sicherheitsprobleme in den Griff bekommen kann. Den interessantesten Ansatz, der auch schon rege benutzt wird, stellt ein mathematisches Verfahren dar, das auf Primzahlen basiert. Entwickelt wurde dieses Verfahren von den Amerikanern Rivest, Shamir und Adleman, die auch ein Patent auf einen entsprechenden Algorithmus haben (RSA-Algorithmus). Philip Zimmermann vom MIT hatte dieses Verfahren mit anderen kryptographischen Methoden kombiniert. Herausgekommen ist das leicht zu bedienende Freeware-Programm "pretty good privacy" (PGP), das inzwischen weltweit verbreitet ist und überall einen hervorragenden Ruf genießt.

Es gibt bei dem Verfahren zwei Schlüssel: einen öffentlichen und einen privaten. Zum Verschlüsseln einer Nachricht benutzt PGP den öffentlichen Schlüssel des Empfängers. Die verschlüsselte Datei kann nun auch über abhörbare Kanäle verschickt werden, denn nur der Besitzer des zu dem öffentlichen Schlüssel gehörenden privaten Schlüssels kann die chiffrierte Nachricht entschlüsseln. Selbst mit dem öffentlichen Schlüssel, der zum Chiffrieren benutzt wurde, läßt sich der Inhalt der Nachricht nicht mehr lesbar machen. Natürlich kann man jede Art von Dateien verschlüsseln. Auf Wunsch kann PGP die Datei automatisch noch komprimieren oder als 7-Bit-ASCII ausgeben.

PGP kann aber noch mehr: Sie können nämlich ein Dokument mit einer Signatur versehen. PGP berechnet mittels kryptographischer Verfahren eine Art Quersumme über Ihr Dokument und verschlüsselt diese mit Ihrem privaten Schlüssel. Jeder Empfänger dieses Dokumentes kann nun mittels PGP und Ihrem öffentlichen Schlüssel die Signatur überprüfen. Wurde das Dokument unterwegs auch nur um ein Zeichen geändert, so wird dies von PGP erkannt und Ihnen mitgeteilt. Sehr nützlich ist auch die Möglichkeit, Verschlüsselung und Signatur zu kombinieren. Durch die Verschlüsselung gehen Sie sicher, daß nur der Addressat das Dokument lesen kann und durch die Signatur kann Ihr Addressat sicher gehen, daß dieses Dokument auch wirklich von Ihnen stammt.

Natürlich gibt es kein absolut sicheres kryptographisches Verfahren. Der Hauptangriffspunkt ist immer die Geheimhaltung der Schlüssel. Selbstverständlich ist, daß Sie keinem anderen Menschen den Zugang zu Ihrem privaten Schlüssel erlauben. PGP speichert diesen in einer Datei, die durch ein Passwort geschützt wird. Sollte jemand in den Besitz von Datei und Passworte gelangen, so kann er alle Ihre Dateien entschlüsseln und Ihre elektronische Signatur benutzen. Ein weiterer Angriffspunkt ist die Verbreitung des öffentlichen Schlüssels. PGP kann Ihren öffentlichen Schlüssel in einer Datei speichern, die Sie dann an Ihre Freunde weitergeben können oder im Internet veröffentlichen können. Was aber, wenn ein Fremder einen öffentlichen Schlüssel unter Ihrem Namen veröffentlicht? Eine mit diesem Schlüssel chiffrierte Nachricht kann dann nur von dem Angreifer gelesen werden und nicht von Ihnen. Am besten wäre es, wenn es eine vertrauenswürdige Institution gäbe, die eine Art Telefonbuch der öffentlichen Schlüssel führen würde. Leider wird es diese Institution auf absehbare Zeit nicht geben. Also müssen Sie sicherstellen, daß ein von Ihnen benutzter öffentlicher Schlüssel auch wirklich der gewünschten Person gehört.

Schließlich gibt es zumindest theoretisch noch einen letzten Angriffspunk. Mit enormem Rechenaufwand ist es möglich, aus dem öffentlichen Schlüssel den dazugehörigen privaten Schlüssel auszurechnen. In der Praxis gibt es niemanden, der eine solche Rechenkraft zur Verfügung hat, denn selbst auf den momentan leistungsfähigsten Rechnern der Welt würde das Knacken eines Schlüssels der geringsten Sicherheitsstufe noch mehrere Wochen benötigen. Das Prinzip dahinter ist eigentlich ganz einfach:

Wissen Sie aus Ihrer Schulzeit noch, was Primzahlen sind? Das sind Zahlen, die nur durch sich selbst und durch 1 teilbar sind. Also z. B. 2, 3, 5, 7, 11, 13, 17, 19, 23, 29, aber auch $2^8 + 1 = 257$ und $2^{16} + 1 = 65537$.

Wenn PGP ein Schlüsselpaar für Sie erzeugt, dann berechnet es zwei sehr große Primzahlen. Solche Zahlen können durchaus mehrere hundert Stellen haben. Eine davon bildet Ihren privaten Schlüssel, das Produkt der beiden Zahlen ist Ihr öffentlicher Schlüssel. Dazu ein Beispiel:

Mit den Primzahlen 11 und 29 würde Ihr öffentlicher Schlüssel $11*29 = 319$ lauten. Wenn jemand aus dem öffentlichen Schlüssel die zugehörigen Primfaktoren ausrechnen will, so muß er nur nach der Zahl suchen, die den öffentlichen Schlüssel ohne Rest teilt. In unserem Beispiel würde man da sehr schnell auf die 11 stoßen. So einfach es bei kleinen Zahlen aussieht, so schwierig wird es mit solchen Monsterzahlen, wie PGP sie erzeugt. Tatsächlich gibt es keine mathematische Methode, die es ermöglicht, die Zahlen zu finden, die eine vorgegebene Zahl ohne Rest teilen. Man kann das nur durch Probieren aller kleineren Zahlen erhalten. Natürlich muß man nicht alle Zahlen durchprobieren. Man kann beispielsweise sofort alle geraden Zahlen weglassen und man muß auch nur alle Zahlen ausprobieren, die kleiner als die Wurzel der vorgegebenen Zahl sind. Doch selbst mit den besten mathematischen Methoden bleibt immer noch ein gewaltiger Rechenaufwand übrig. Als Beispiel können Sie ja mal versuchen die beiden Teiler der Zahl 4294967297 zu finden.

PGP gibt es für DOS, Macintosh und Unix (für fast alle Versionen). Natürlich sind die Formate kompatibel, d. h. eine auf einem Mac verschlüsselte Nachricht kann auch auf einem DOS-System gelesen werden. Für graphische Oberflächen gibt es meist schon sogenannte 'Shells', die die Benutzung von PGP vereinfachen. Massenhaft Kryptographie-Software finden Sie auch auf der CD-ROM *'Kryptologie Online'* vom *Franzis-Verlag* oder sie lassen Archie nach 'pgp' suchen.

3.6 CompuServe & Co?

'Ja, aber CompuServe ist doch auch im Internet, was ist denn da der Unterschied zu einem Provider wie EUnet?' Diese Frage taucht meist irgendwann auf. CompuServe und andere sind Mailboxsysteme - auch wenn sich gerade in letzter Zeit der Unterschied verwischt. Was ist ein Mailboxsystem bzw. eine 'Mailbox'?

Mailboxen sind Computer, die man per Telefon und Modem oder über ISDN erreichen kann, und die bestimmte Dienstleistungen anbieten. Der Mailbox-Computer wird per Modem/ISDN-Adapter angerufen und bietet dem Benutzer die unterschiedlichsten Nutzungsmöglichkeiten: Datenaustausch mit anderen Benutzern (Nachrichten und Dateien), sogenannte 'Foren' oder 'schwarze Bretter', die den Newsgruppen entsprechen, Programmbibliotheken, aus denen die Benutzer Programme abrufen und im eigenen Computer speichern können, Unterhaltung mit anderen Benutzern (Chat) und Spiele, die man mit anderen Benutzer der Mailbox spielt. Insofern sind die Leistungen der Mailbox den Internet-Diensten sehr ähnlich, aber sie sind alle zunächst auf einen einzigen Rechner beschränkt, also eine relativ kleine Gruppe von Personen.

Aus dieser Isolation heraus entstanden dann einerseits Mailboxdienste wie CompuServe, die weltweit Rechner unterhalten (Einwählpunkte, 'Points of Presence'). Die Daten laufen aber in einer Zentrale zusammen. Einen anderen Weg, die lokale Begrenzung zu überwinden, sind die Mailboxnetze wie z. B. das Fidonetz. Hier tauschen die Mailboxrechner nachts oder sogar stündlich die neuen Mitteilungen vollautomatisch untereinander aus. Beim Fidonetz geht das beispielsweise hierarchisch zu. Übergeordnete Knotenrechner tauschen die Informationen mit der darunterliegenden Hierarchistufe aus. Dort wird dann genauso verfahren, bis die Info am Ende der Kette (dem sogenannten 'Point') angelangt ist. Im Internet wird die Information der Newsgruppen dagegen flutartig verbreitet. Ein weiterer Unterschied vieler Mailboxnetze ist die Form der Datenweitergabe von Einträgen in 'schwarzen Brettern' und E-Mail. Beim Fidonetz werden die Daten grundsätzlich nach dem gleichen Verfahren transportiert, es wird hier in 'personal mail' (entpricht E-Mail) und 'netmail' (entspricht News) unterschieden.

Inzwischen wird bei fast allen größeren Mailboxen neben den lokalen Informationen auch ein Zugang zum Internet in Form von News und E-Mail geboten. Außerdem gibt es Übergänge (Gateways) zwischen den Netzen (siehe Kapitel 4). Geht der Mailboxbetreiber noch einen Schritt weiter, indem er seinen Benutzern alle Internet-Dienste bietet, mutiert er zum (kleinen) Provider. Die Box unterscheidet sich dann nicht mehr vom Einwählpunkt eines (großen) Providers.

Die verschiedenen Online-Dienste zeichnen sich durch teilweise sehr unterschiedliche Angebote aus. Die drei größten in Deutschland sind CompuServe, AOL und T-Online. Sie bieten alle ein großes Angebot an Tagesinformationen (Agenturnachrichten, Börseninformationen etc.), Computerinformationen und elektronischen Treffpunkten (Diskussionsforen und Konferenzen). Der Internet-Zugang stellt hier quasi eine Beigabe dar. Reine Internet-Provider stellen nur den Zugang zum Internet zur Verfügung. Wer hauptsächlich am Internet interessiert ist, findet hier einen schnellen und je nach Anbieter auch preisgünstigen Zugang.

T-Online (Btx)

Alle Jahre wieder erhält das in die Jahre gekommene Btx (Datex-J) einen neuen Standard und einen neuen Namen. Inzwischen heißt es T-Online und soll mit multimedialen Anbieterseiten dem Internet Konkurrenz machen. Allerdings haben bisher erst wenige Anbieter Ihre Seiten auf den neuen Standard umgestellt. Die Stärken von T-Online liegen im Home-Banking und Home-Shopping Bereich. Sehr viele deutsche Firmen bieten Ihre Produkte und Dienstleistungen T-Online an. Man kann direkt bestellen und zahlt dabei sofort und bargeldlos. Da das Zugangspaßwort von der T-Online-Software gespeichert wird, kann jeder, der Ihren Computer benutzt, in Ihrem Namen Bestellungen vornehmen. Wesentlich sicherer ist die elektronische Kontoführung, die fast jede deutsche Bank über T-Online bietet. Hier werden alle Transaktionen über Einmalpaßwörter geschützt. Der Internetzugang ist mit der neuesten Software sehr einfach, auch wenn bei meinen Tests bei fast 30% der Versuche der Internet-Server keine Verbindung zuließ. Die Geschwindigkeiten im Internet sind akzeptabel, aber nicht so hoch , daß sich die Anschaffung eines 28.800-bps-Modems lohnen würde. Preislich schlägt die Telekom bei den Stundengebühren gut zu. Dagegen kann die Telekom außerhalb von großen Städten einen deutlichen Preisvorteil gegenüber den Mitbewerbern ins Feld führen, da überall die Telefonkosten nur als Ortstarif abgerechnet werden. *Informationen im lokalen Telefonladen oder unter 0130/0190*

CompuServe

Einer der ältesten Online-Anbieter ist CompuServe. Egal ob man einen Treiber, neueste Demo-Programme oder Antworten auf seine Computer-Probleme sucht, bei CompuServe werden Sie fündig. Fast alle Firmen der Computerbranche haben hier ein Forum. Auch CompuServe bietet bargeldlosen Einkauf. Verrechnet wird über Kreditkarte oder direkten Kontoeinzug. In der neuesten Version wurde die etwas angegraute Benutzeroberfläche erneuert. Leider lassen die Übertragungsgeschwindigkeiten manchmal etwas zu wünschen übrig, insbesondere im Internet erreicht man bei Compu-Serve nur schwache Übertragungsraten. Das liegt zum einen an den vielen Benutzern, zum anderen daran, daß die eigentlichen CompuServe-Rechner in den USA stehen. Ein anderer Nachteil von CompuServe sind die noch immer geringe Anzahl an Einwählknoten und die geringen Verbindungsgeschwindigkeiten in Deutschland. Bei letzterem ist Abhilfe versprochen worden. CompuServe ist ab fünf Stunden Online-Zeit im Monat der preiswerteste der drei Anbieter. Für jeden, der einen CompuServe-Einwählknoten im Ortsbereich und viel Interesse an Computerthemen hat, ist CompuServe eine brauchbare Wahl. In Zeitschriften, Büchern, beim Modemkauf oder direkt von CompuServe gibt es einen Schnupper-Account zum Testen des Service. *Informationen unter Telefon 0130/3732*

AOL

Neueinsteiger AOL (Amerika On Line) ist in Amerika schon lange einer der größten Online-Anbieter. Im November 95 ging AOL in Deutschland gleich mit einer ganzen Reihe von Einwahlknoten an den Start. Die deutschsprachigen Foren füllen sich sehr schnell, was nicht zuletzt daran liegt, daß der deutsche Ableger von AOL gemeinsam mit dem Medienriesen Bertelsmann unter Beteiligung der Telekom und des Springer Verlages betrieben wird. Ebenso wie bei CompuServe kann man hier natürlich auf alle amerikanischen Foren und Filebereiche zugreifen. In Amerika heißt es, daß die Stärke von AOL bei sehr interessanten Diskussionsforen liegt. Die Vermutung liegt nahe, daß man auch in Europa darauf besonderen Wert legen wird. Die Oberfläche ist bei AOL sehr übersichtlich gestaltet und auch sinnvoll gegliedert, so daß man schnell die gewünschte Themen findet. Die Internetsoftware ist direkt in die AOL-Oberfläche integriert. Die hat zwar den Vorteil, daß man eine einheitliche Gestaltung hat, aber dem WWW-Browser von AOL fehlen doch einige Funktionen, die professionelle Produkte aufweisen. Für den Einsteiger gibt es sehr viele nützliche Informationen zum Internet und wie man sich das Internet nutzbar machen kann. Eine Besonderheit bietet AOL an: Man kann auf eine Anmeldung mehrere Zugangsnamen und -passwörter einrichten, so daß sich evtl. mehrere Personen einen Account teilen können. Die Preise von AOL liegen im mittleren Bereich, ebenso wie auch die Transfergeschwindigkeit im Internet. Bei AOL erhält man 10 kostenlose Schnupperstunden. *Informationen unter Telefon 0180/5313164*

4 Vertiefung

4.1 Wen kann ich per E-Mail erreichen?

Es gibt Millionen von Menschen, die keinen Zugang zum Internet haben, aber trotzdem per E-Mail erreichbar sind. Viele große Mailboxsysteme, wie z. B. CompuServe oder Computernetze, deren Kommunikation auf 'Messaging Access' basiert (Fido-Netz, Maus-Netz, Z-Netz, CL-Netz, usw.) haben eine 'Hintertür' zum Internet und auch mit anderen Netzen werden über sogenannte 'Gateways' Informationen ausgetauscht.

4.1.1 Im Internet

Es können alle Teilnehmer im Internet per E-Mail erreicht werden. Hierzu ist es notwendig, daß Sie den Namen des Computer-Systems kennen, auf dem der betreffende User registriert ist. In der Regel wird die sogenannte Domänen-Adressierung verwendet. Alle Adressen sind in hierarchische Domänen eingeteilt. Kennen Sie die Domänenadresse eines Rechners, dann hängen Sie diese einfach an den Usernamen mit einem At-Zeichen '@' hintendran. Der Autor dieser Zeilen ist beispielsweise mit der Angabe

plate@e-technik.fh-muenchen.de

von jedem an das Internet angeschlossene Rechnersystem aus erreichbar.

4.1.2 CompuServe

Bei CompuServe haben die Benutzer kein Pseudonym, sondern eine Benutzer-ID, die aus zwei durch Komma getrennten Zahlen besteht. Das Komma wird durch einen Punkt ersetzt und die Domäne CompuServe.com angefügt, z. B.:

12345.67890@compuserve.com

4.1.3 MCI-Mail

Benutzer von MCI-Mail erreichen Sie auf ähnliche Weise. Sie können hier mit der Benutzernummer oder mit Vor- und Nachname arbeiten, wobei Vor- und Nachname durch ein Unterstreichungszeichen verbunden werden, z. B.:

1234567@mcimail.com   oder
John_Smith@mcimail.com

4.1.4 Fido-Netz

Bei Fidonet ist die Adresse anders organisiert. Die Angaben müssen dabei folgenden Konventionen entsprechen:

Vorname_Nachname@p?.f?.n?.z?.fidonet.org

wobei die "?" durch die entsprechenden Nummern von Point (p), Node (f), Netz (n) und Zone (z) ersetzt werden müssen. Dazu ein Beispiel für den Fido-Point 2:2480/66:

Hans_Mustermann@p0.f66.n2480.z2.fidonet.org

Beachten Sie auch, daß hier im Gegensatz zur Internet-Mail nicht das Benutzerpseudonym, sondern Vor- und Nachname angegeben werden müssen (und zwar so, wie sie in der Userliste stehen). Fehlt die letzte Angabe der Fido-Adresse(Point), dann wird 'p0' eingesetzt.

4.1.5 X.400

Die X.400-Adresse ist stark gegliedert:

C = de;A = d400;P = organisation;O = subdomain;S = user

Es gibt zwei Wege einen Benutzer mit X.400-Adresse zu erreichen. Die X.400-Adressen werden über Tabellen in RFC-Adressen umgesetzt. Über das DFN-Relay sind die deutschen ADMDs 'd400' und 'dbp' erreichbar.

user@subd.organis.d400.de   oder
/S = user/O = subd/P = organis/A = d400/C = de/@dfnrelay.d400.de

4.1.6 Mail-Adressen finden

Es gibt eine Institution, die alle E-Mail-Adressen von Usern, die irgendwann einmal etwas in die Newsgroups geschrieben haben, registriert. Die Abfrage erfolgt duch eine spezielle E-Mail an die Adresse 'mail-server@rtfm.mit.edu'. Senden Sie im Brieftext die Zeilen:

send usenet-addresses/Suchbegriff1 Suchbegriff2 Suchbegriff3 ...
quit

Der Betreff spielt dabei keine Rolle. Innerhalb kurzer Zeit bekommt man eine Antwort als E-Mail zugeschickt, vorausgesetzt, einer der Suchbegriffe kommt in den Newsgroups vor. Mit dem folgenden Brieftext erhalten Sie eine Bedienhilfe zu diesem Service.

send usenet-addresses/help
quit

Wenn man jemanden sucht oder wissen will, wo ein spezieller Internet-Rechner steht, kann man auch die Whois-Datenbank abfragen. Man schickt eine E-Mail mit dem Betreff

whois <name>

an den Rechner *'mailserv@internic.net'*. <name> wird entweder durch eine Domainangabe oder den gesuchten Namen ersetzt.

NETFIND ist eine andere und noch mächtigere Suchhilfe, die den Namen einer Person und den Ort beschreibende Schlüsselbegriffe benutzt, um Informationen zu einer oder mehreren Personen zurückzuliefern. Angenommen Sie suchen jemanden mit dem Namen Hardy an der Universität von Colorado in Boulder. Unsere NETFIND-Abfrage schicken wir an *'agora@mail.w3.org'*, sie beinhaltet nur eine Zeile im Mail-Body:

gopher://ds.internic.net:4320/7netfind%20dblookup?hardy+boulder+colorado

NETFIND arbeitet in zwei Schritten: Zuerst zeigt es eine Liste aller Internet-Domains an, die den gewünschten Schlüsselbegriffen entsprechen. Danach wird nach der Person innerhalb der gewählten Domain gesucht. NETFIND per E-Mail arbeitet ähnlich: Zunächst erhält man eine Domain-Liste, aus der man eine oder mehrere wählen kann. Die Liste ist numeriert, und am Fuß der Liste gibt es entsprechende "gopher://"-Befehle. Wir nehmen die Auswahl für

cs.colorado.edu computer science dept, university of colorado, boulder

so daß unser nächster Befehl an agora@mail.w3.org so aussieht:

gopher://ds.internic.net:4320/0netfind%20netfind%20hardy%20cs.colorado.edu

Wenn alles klappt, erhält man eine Antwort die in etwa einer Finger-Antwort entspricht. Wenn man die Domain der gesuchten Person schon kennt, kann man bereits mit der o.g. Suchabfrage beginnen.

63

Außerdem kann man das "Four11 Online User Directory" ausprobieren; ein freies Verzeichnis von Benutzern und ihren E-Mail-Adressen. Eine Mail an *'info@four11.com'* genügt, um einen Hilfetext zurück zu erhalten.

4.2 Internet-Dienste per E-Mail

Nicht immer hat man vollen Internet-Zugang. Bei lokalten Mailboxen ist oft nur der Austausch von Informationen per E-Mail möglich. Manchmal vergällen einem auch überlastete und damit langsame Verbindungen im weltweiten Netz die interaktive Arbeit (mein persönliches Rekorderlebnis war eine Übertragungsrate von 3 Byte/s). Es könnte auber auch sein, daß einfach manche Vorgänge automatisch ablaufen sollen. Und hier hilft wieder einmal die elektronische Post, denn per E-Mail kann man auf fast jeden Internet-Dienst zugreifen, auch wenn es mitunter etwas mühsam ist. Die meisten E-Mail-Server sind sprachlich auch nicht sehr bewandert und verstehen deswegen nur einen kleinen Befehlssatz. Um Erfolg zu haben, sollte man sich auf die genannten Befehle beschränken und auf Anhängsel in der Mail (z. B. Signatur) verzichten. Außerdem sind die Server oft pingelig bei der Unterscheidung zwischen Groß- und Kleinbuchstaben, denn es gibt Betriebssysteme, welche die Schreibweise von Dateinamen unterscheiden. Schreiben Sie daher Verzeichnis- und Dateinamen genauso wie der Server sie angibt.

4.2.1 FTP per E-Mail

Der gewünschte FTP-Server wird durch einen speziellen FTPMail-Server erreicht, der sich in das ferne System einloggt und die gewünschten Dateien zurückschickt - und das alles nur aufgrund einer bestimmten Befehlsfolge in einer E-Mail- Nachricht. FTP per E-Mail kann auch für Leute mit direktem Internet-Zugang von Vorteil sein, weil einige beliebte FTP-Server ziemlich überlastet sind, so daß die interaktiven Antwortzeiten recht lang werden können. Es macht also Sinn, mit Hilfe von E-Mail in diesem Bereich Zeit und Geld zu sparen.

Haben Sie einen interessanten FTP-Server gefunden, schicken Sie eine E-Mail an einen der folgenden FTP-Mail-Server:

ftpmail@sunsite.unc.edu	(USA)
bitftp@pucc.princeton.edu	(USA)
bitftp@vm.gmd.de	(Europa)
bitftp@plearn.edu.pl	(Europa)
ftpmail@doc.ic.ac.uk	(Großbritannien)
ftpmail@cs.uow.edu.au	(Australien)
ftpmail@ftp.uni-stuttgart.de	(Deutschland)
ftpmail@ftp.luth.se	(Schweden)

Es ist eigentlich ziemlich egal, welchen man wählt, aber je näher der Server ist, desto schneller wird er voraussichtlich antworten. Im Text der Nachricht muß stehen:

open <Rechnername>
dir
quit

Als Ergebnis erhält man eine Liste aller Dateien im Hauptverzeichnis dieses Servers. In der nächsten E-Mail-Nachricht kann man sich durch die Verzeichnisse bewegen, beispielsweise durch:

chdir pub

und zwar vor den 'dir'-Befehl. 'chdir' bedeutet nichts anderes als 'change directory', also Verzeichnis wechseln, und 'pub' ist ein allgemeiner Verzeichnisname. Wenn Sie die gewünschte Datei gefunden haben, schreiben Sie in der nächsten E-Mail:

get <Dateiname>

statt der vorher benutzten 'dir'-Zeile. Wenn die Datei ein reines Textfile ist, war das schon alles. Wenn es sich jedoch um eine Binär-Datei handelt (ausführbares Programm, komprimierte Datei, Bild usw.), muß noch der Befehl:

binary

noch vor dem 'get'-Befehl angegeben werden.

Tip: Einige Verzeichnisse von FTP-Servern beinhalten eine Datei mit dem Namen 00-index.txt, README, oder irgendetwas in dieser Art. In dieser Datei findet man meist eine Beschreibung der 'vorrätigen' Dateien.

Denken Sie dran, daß Sie nicht einfach eine E-Mail an ftpmail@<irgendein_server> senden können, sondern Sie schicken den 'Open <irgendein_server>'-Befehl an einen der bekannten FTP-Mail-Server. FTP-Mail-Server sind oft sehr beschäftigt, so daß die Antwort unter Umständen nicht sofort kommt. Das ist natürlich auch abhängig davon, wann und wo man die Anforderung schreibt. Außerdem ist es möglich, daß große Dateien in mehrere kleinere Dateien aufgesplittet werden.

4.2.2 Archie per E-Mail

Um Archie per E-Mail zu nutzen, genügt eine E-Mail an eine der folgenden Adressen, wobei natürlich die Adresse in Deutschland bevorzugt werden sollte:

archie@archie.rutgers.edu	(USA)
archie@archie.sura.net	(USA)
archie@archie.unl.edu	(USA)
archie@archie.doc.ic.ac.uk	(UK)
archie@archie.luth.se	(Schweden)
archie@archie.kuis.kyoto-u.ac.jp	(Japan)
archie@archie.th-darmstadt.de	(Deutschland)

Will man eine detaillierte Hilfe zur Benutzung von Archie per e- mail erhalten, schreibt man

help

in die Betreffzeile der Nachricht und schickt sie einfach ab. Daraufhin erhält man eine E-Mail mit der Erklärung zum Archie- Service. Wem das nicht
reicht, der schreibt in den Text der Nachricht

find < Dateiname >

wobei ' < Dateiname > ' durch den zu suchenden Dateinamen zu ersetzen
ist. Damit sucht Archie nach Dateien, die genauso heißen wie unter
< Dateiname > angegeben. Will man alle Dateinamen erhalten, die eine be-
stimmte Zeichenkette beinenthalten, muß vor der FIND-Zeile eingegeben
werden:

  set search sub

Weitere nützliche Befehle, die man außerdem verwenden kann:

set maxhits 20	*(Es werden maximal 20 Dateien gefunden)*
	(Voreinstellung: 100)
set match_domain de	*(Es werden nur deutsche Server gelistet)*

Das Ergebnis einer solchen Abfrage sind die Namen verschiedener FTP-
Server, bei denen die gewünschte Datei verfügbar ist. Man kann dann einen
dieser Namen und das Verzeichnis mit Dateinamen verwenden, um die nächste FTP-Mail abzusenden.

4.2.3 Gopher per E-Mail

Gopher per E-Mail unterscheidet sich eigentlich wenig von der interaktiven Version, außer daß der gewünschte Gopher-Server nur über einen speziellen 'Gophermail-Server' erreicht werden kann. Dieser Gophermail-Server
meldet sich dann beim gewünschen Gopher-Server an und kehrt mit dem gewünschten Menü oder der Datei zurück. Obwohl nicht jeder Punkt in jedem

Menü per Gophermail erreichbar ist, so gibt es aber doch eine Reihe interessanter Dinge, die man mit dieser Technik anstellen kann.

gophermail@calvin.edu	(USA)
gopher@earn.net	(Frankreich)
gopher@dsv.su.se	(Schweden)
gopher@ncc.go.jp	(Japan)

Optional kann man die Adresse eines bekannten Gopher-Servers in Betreff angeben, um das Hauptmenü dieses Servers zu erhalten. In einer E-Mail an einen Gophermail-Server schreiben Sie im Betreff:

cwis.usc.edu

Danach bekommt man Gopher-Eingangsmenü als Mail zurück. Man antwortet per Reply und kreuzt mit einem 'X' den gewünschen Menüpunkt an. Man erhält das entsprechende Untermenü per Mail und kann wieder ankreuzen, und so weiter. Eine etwas mühsame Angelegenheit.

Wenn ein Menüpunkt 'Search' heißt, kann man diesen mit 'x' auswählen und die Suchbegriffe in den Betreff der E-Mail einbauen. Die Suchabfrage kann aus einem einzelnen Begriff bestehen oder auch komplex sein wie hier:

document and (historic or government)

Jeder Treffer dieser Suche erscheint als Auswahlpunkt auf dem nächsten Gopher-Menü.

Man braucht übrigens nicht immer das komplette Gopher-Menü und die Routing-Informationen zurückzusenden. Es reicht, wenn man den Menü-Kopf und die gewünschte Menüauswahl an Gopher-Mail schickt.

So wie Archie eine Liste mit FTP-Servern anbietet, so bietet Veronica diese Funktion für 'gopherspace'. Veronica fragt, wonach man sucht, und zeigt dann eine Liste aller Gopher-Menüpunkte an, die zu dieser Suchabfrage passen. Dann kann man einen dieser Menüpunkte auswählen. Um Veronica per E-Mail zu bedienen, fordern Sie das Hauptmenü eines Grophermail-Servers an. Dann wählen Sie die Option 'Other Gopher and Information Servers' aus, wo sich ein Eintrag für Veronica findet. Man muß einen (oder sogar mehrere) Veronica-Server für die Suchabfrage auswählen und die Suchbegriffe in die Betreff-Zeile der Antwort einsetzen.

4.2.4 News per E-Mail

News-Einführungstexte bekommt man auf dem schon erwähnten Server rtfm.mit.edu. Um eine Einführung in USENET-News zu bekommen, schickt man eine E-Mail an *mail-server@rtfm.mit.edu* mit der Nachricht:

send usenet/news.answers/news-newusers-intro

Um eine Liste aller UseNet-Newsgroups zu erhalten, kann man folgende Zeilen anfügen:

send usenet/news.answers/active-newsgroups/part1
send usenet/news.answers/active-newsgroups/part2
send usenet/news.answers/alt-hierarchies/part1
send usenet/news.answers/alt-hierarchies/part2

Um die FAQ-Files (FAQ = Frequently Asked Questions; Häufig gestellte Fragen mit Antworten) einer Newsgroup zu erhalten, sollte man diesen Befehl probieren:

index usenet/ < Newsgroup-Name >

Dabei sind Punkte innerhalb des Newsgroups-Namens durch Schrägstriche zu ersetzen. Falls es zu dieser Newsgroup FAQ-Dateien gibt, werden sie in der Antwort aufgelistet. Die einzelnen Dateien selbst können so angefordert werden:

send usenet/ < Newsgroup-Name > / < FAQ-Dateiname >

Wer die Einleitung gelesen hat, möchte natürlich auch wissen, wie man die UseNet-Newsgroups per E-Mail lesen und sich daran beteiligen kann. Um eine Newsgroup zu lesen, kann man den Gophermail-Service benutzen, der weiter oben besprochen wurde. Um eine Liste der neuesten Nachrichten in einer speziellen Newsgroup zu erhalten, sollte man die folgenden Zeilen an einen der oben genannten Gophermail-Server senden. In die Betreff- Zeile kommt 'get all', und nur die folgenden Zeilen werden im Textbereich eingegeben. (Natürlich muß ' < newsgroup >' durch den Namen der Usenet-Newsgroup ersetzt werden, die man lesen möchte.

Name = < newsgroup >
Type = 1
Port = 4324
Path = nntp ls < newsgroup >
Host = pinchy.micro.umn.EDU

Wenn das nicht klappt, kann man es auch mit einem anderen Host versuchen, indem man Port = 4320 (statt Port = 4324) angibt und eine dieser Zeilen verwendet:

Host = phantom.bsu.edu
Host = teetot.acusd.edu
Host = infopub.uqam.ca

Host = gopher.ic.ac.uk
Host = info.mcc.ac.uk

Viele Systeme bieten nur eine begrenzte Auswahl an Newsgroups. Man muß unter Umständen also ein paarmal probieren, bis man einen Newsserver gefunden hat, die die gesuchte Newsgroup anbietet. Falls die Newsgroup nicht angeboten wird, sendet Gophermail 'nntp ls < newsgroup >': path does not exist'. Wenn ein Server keine Anforderung von außerhalb akzeptiert, sendet Gophermail 'Sorry, we don't accept requests outside campus'. Wenn es geklappt hat, erhält man ein typisches Gopher-Menü, bei dem man die gewünschten Artikel auswählen kann. Wenn man selbst etwas in den Newsgroups schreiben möchte, sendet man den Text an:

group-name@cs.utexas.edu
group.name@news.demon.co.uk
group.name@charm.magnus.acs.ohio-state.edu
group.name@undergrad.math.uwaterloo.ca
group.name@nic.funet.fi

(Um eine vollständige Liste der News-zu-Mail-Gateways zu erhalten, genügt eine E-Mail an *mg5n + remailers@andrew.cmu.edu*). Um beispielsweise eine Nachricht in die Newsgroup news.newusers.questions zu senden, würde man eine Mail senden an

news-newsusers-questions.usenet@cs.utexas.edu   oder an
news.newusers.questions@news.demon.co.uk

Man sollte darauf achten, die Betreffzeile angemessen zu füllen und den eigenen Real-Namen und die E-Mail-Adresse am Schluß der Nachricht einzugeben.
Eine weitere Möglichkeit, UseNet-Nachrichten per E-Mail zu erhalten, ist die Benutzung eines speziellen Servers in Belgien. Es ist etwas einfacher als der Gophermail-Zugang, dafür werden allerdings auch nicht alle Newsgroups (nur etwa 1000) angeboten. Die E-Mail ist zu richten an:

listserv@cc1.kuleuven.ac.be

Die folgenden Befehle dürfen u. a. im Brieftext auftreten:

INNHELP	*Hilftext*
INEWSGROUPS	*Liste der verfügbaren Gruppen*
IGROUP <X> SINCE <D>	*Bestellen einer bestimmten Gruppe*

< X > bezeichnet die gewünschte Newsgruppe. Für < D > wird das Datum eingesetzt. Es hat das Format JJJMMTTHHMMSS (Jahr, Monat, Tag, Stunde, Minute, Sekunde). Mit der Datumsangabe 19960617000000 erhält

man alle Nachrichten der bezeichneten Newsgroup seit dem 17. Juni 1996 Null Uhr.

4.2.5 WAIS-Suchanfragen per E-Mail

Zu empfehlen ist der Versand einer E-Mail an *'waismail@sunsite.unc.edu'* mit 'HELP' im Body, um die komplette Anleitung zu WAISmail zu erhalten. Wer allerdings nicht warten kann, benutzt die folgenden Informationen als Schnelleinstieg. Eine Liste aller WAIS-Datenbanken (oder Quellen [resources], wie sie auch genannt werden), erhält man per Versand einer E-Mail an den WAISmail-Server mit

search xxx xxx

im Text der Nachricht. Man sucht sich ein interessantes Thema aus dieser Liste heraus und verwendet es für die folgende E-Mail an

waismail@sunsite.unc.edu

mit den folgenden Befehlen als Nachrichtentext:

maxres 10
search bush-speeches peace

WAIS soll also den Text der Datenbank 'bush-speeches' durchsuchen und eine Liste von maximal 10 Dokumenten zurückliefern, die alle den Begriff 'peace' beinhalten. Eine erfolgreiche Suche ergibt eine oder mehrere soge-nannte 'DOCid:'-Zeilen, die die Adresse der passenden Dokumente auf-listen. Um den kompletten Text eines dieser Dokumente zu erhalten, muß eine der empfangenen 'DOCid:'-Zeilen als Text in eine E-Mail eingefügt werden. Diese E-Mail muß dann wieder an den WAISmail-Server geschickt werden. Eine Liste mit WAIS-Datenbanken erhält man durch eine E-Mail an *gophermail@calvin.edu* mit dem Betreff 'get all' und diesem Text:

Type = 1
Name = WAIS Databases
Path = 1/WAISes/Everything
Host = gopher-gw.micro.umn.edu
Port = 70

4.2.6 WWW per E-Mail

Das einzige, was man braucht, ist der URL, der die Adresse des jeweili-gen Dokuments bezeichnet. Man erhält das Dokument durch Versand einer

E-Mail an *agora@mail.w3.org*. Im Body der Nachricht sollte eine der folgenden Zeilen stehen, dabei ist '< URL >' natürlich durch die gewünschen Angaben zu ersetzen:

send < URL >

Als Ergebnis erhält man das gewünschte Dokument mit einer Liste aller Dokumente, auf die hier Bezug genommen wird. Damit kann man weitere Abfragen starten.

deep < URL >

Hier werden auch alle referenzierten Dokumente gleich mitgesendet.Um WWW per E-Mail auszuprobieren, sollte man die folgenden Befehlszeilen an *agora@mail.w3.org* senden:

www
send http://info.cern.ch

Daraufhin erhält man den Agora-Hilfetext und die 'WWW Welcome Page' vom CERN-Server, jeweils mit Referenzen zu anderen Web-Dokumenten, die man erforschen kann. Hinweis: Der eingegebene URL darf nur folgende ASCII-Zeichen enthalten:

'a' - 'z', 'A' - 'Z', '0' - '9', '/', ':', '.', '_', '-', '', '@', '%', '*', '(', ')', '?'* und *'~'*.

Man kann auch Usenet-News vom WWW-Mailserver erhalten. Hier einige Beispiele:

send news:comp.unix.aix

liefert eine Liste der jüngsten News-Beiträge (nur die Subject-Zeilen)

deep news:comp.unix.aix

liefert die Liste und den Inhalt der jüngsten Nachrichten. Vorsicht: Bei 'deep' erhält möglicherweise sehr viel Text!.
Ein weiterer WWW-Mailserver heißt *webmail@curia.ucc.ie*. Dieser Server benötigt Befehle in der Form

go < URL >

Es ist möglich, einige WWW-Suchhilfen über E-Mail zu benutzen. Hier sind nun einige Beispiel-Abfragen, die man benutzen kann, um über Lycos, WebCrawler und den CUI W3 Catalog zu suchen. Jede dieser Zeilen kann an Server *agora@mail.w3.org* gesendet werden. Um mit Lycos zu suchen, muß man einen Punkt hinter den Suchbegriff setzen, ansonsten sucht Lycos automatisch über Substring (also als Textfragment). Suchbegriffe müssen mit einem ' + ' voneinander getrennt werden.

http://query1.lycos.cs.cmu.edu/cgi-bin/pursuit?frog. + dissection.

Beim WebCrawler muß man die Begriffe ebenfalls durch ein ' + ' trennen. Der WebCrawler sucht automatisch exakt, ein Punkt am Ende kann also entfallen.

http://webcrawler.cs.washington.edu/cgi-bin/WebQuery?frog + dissection

Um eine CUI-W3-Catalog-Suche zu starten, muß man Begriffe mit '%20' trennen. Auch hier wird exakt gesucht, ein Punkt am Ende braucht nicht mit angegeben zu werden:
http://cuiwww.unige.ch/w3catalog?frog%20dissection

4.2.7 Finger per E-Mail

Um Finger auszuprobieren, reicht eine E-Mail an *infobot@infomania.com* mit dem Betreff

FINGER user@subdomain.domain.topleveldomain

4.2.8 Nameserver-Info per E-Mail

Der Mail-Nameserver *dns@grasp.insa-lyon.fr* bietet einige nützliche Dienste per E-Mail. Einige Befehle, die man im Text der E-Mail benutzen kann:

help	*(Hilfe-Infos)*
ip < Hostname >	*(Host-Adresse abfragen)*
name < IP-Nummer >	*(Host-Name über Adresse abfragen)*
ns < Hostname >	*(Nameserver des Hosts abfragen)*

Als < Hostname > muß immer der vollständige Rechnername mit Domain angegeben werden. Zum Beispiel 'rtfm.mit.edu'.

Zum Schluß noch eine Anmerkung: Das Internet ist einem rasanten Wandel unterworfen. Es kann also durchaus vorkommen, daß manche hier erwähnten Rechner die gewünschten E-Mail-Dienste nicht mehr oder in veränderter Form anbieten. Außerdem sollten Sie immer daran denken, daß der gebotene Service kostenlos ist und daher mit Zurückhaltung in Anspruch genommen werden sollte.

72

4.3 Wissenswertes über E-Mail und MIME

4.3.1 Zeichensatzprobleme

E-Mail entstand in den siebziger Jahren in den USA. Die Betriebssysteme, die im Netz Anwendung fanden und finden, verwendeten den American Standard Code for Information Interchange (ASCII), der bis auf wenige Codes dem ISO-7-Bit-Code entspricht. Unter den 128 Zeichen dieses Codes befinden sich die Zahlen 0 - 9, die Buchstaben, Interpunktions-, sowie einige Steuerzeichen, etwa Seitenvorschub, Klingel, Wagenrücklauf, usw. IBM schuf einen quasi-Standard mit der Erweiterung des Codes auf 8 Bit, also 256 Zeichen, um so die Umlaute und andere sprachspezifische Zeichen darstellen zu können.

Die Nachwirkungen sind heute noch zu spüren. Nicht alle Mail-Programme können mit Nachrichten umgehen, die Zeichen enthalten, deren Wert höher als 127 ist. Auch die Post-Programme und Editoren selber können durchaus mit dieser Macke behaftet sein (man sagt, sie sind nicht '8-bit-clean'). Das kann dazu führen, daß der Text, der auf dem eigenen Bildschirm noch ansehnlich aussieht, beim Empfänger mit überaus seltsamen Zeichen versehen erscheint. Den einfachsten Weg dieses Phänomen zu vermeiden, stellt die Verwendung von Umschreibungen solcher Zeichen dar. Die Umlaute und das Szett können statt ä, ö, ü, ß auch ae, oe, ue, ss geschrieben werden. Manche Leute verwenden hier den Quasistandard, der sich mit dem Satzsystem TeX durchgesetzt hat und schreiben "a "o "u "s (was sich leichter zurückwandeln läßt.

Weshalb sollte überhaupt Rücksicht auf die Unzulänglichkeiten der Software genommen werden? Woher soll man wissen, an welcher Stelle im Code nun das Zeichen für Paragraph auftaucht? Eine leider nicht immer wirksame Lösung stellt die Benutzung entsprechender Kopfzeilen dar.

```
MIME-Version: 1.0
charset=iso-8895-1
Content-Transfer-Encoding: 8bit
```

Die Verwendung dieser Zeilen im Umschlag des Briefes erhöht die Chance einer korrekten Zustellung. Wie das Post-Programm zu überreden ist, solche Zeilen zu verwenden, muß man in der etnsprechenden Anleitung zum Programm nachsehen. Eine andere Lösung bestünde darin den Text von seiner 8bit-Form in eine 7bit-Form zu wandeln. Hierfür stehen verschiedene Möglichkeiten zur Verfügung. Beispielsweise kann man einen Text in seiner 8bit-Form als sogenanntes 'attachment' zu verschicken. Oder man codiert den Text um, z. B. mit einem UUENCODE-Programm. Hier werden sechs 8-Bit-Zeichen umcodiert zu acht 6-Bit-Zeichen - und damit liegen alle verwendeten Codes im ASCII-Bereich. Mit UUDECODE läßt sich das dann wieder rückgängig machen. UU-Encoder und -Decoder gibt es für alle Rechnerplattformen. Generell gilt: die Formate, welche die herkömmlichen Textbearbeitungsprogramme benutzen, um Dateien abzuspeichern, haben im Bereich von email nichts zu suchen: es ist nicht vorhersagbar, ob der Empfänger mit seinen Programmen in der Lage ist, Texte in einem solchen Format zu lesen.

Eine Bemerkung noch zur Länge der Zeilen. Wie auch im Bereich der News sollten die Zeilen nicht länger sein als 70 Zeichen. Dafür gibt es mehrere Gründe: nicht alle benutzen eine grafische Oberfläche; die Textbildschirme mit 80 Zeichen und 25 Zeilen sind nach wie vor verbreitet. Viele Leute zitieren auch aus dem Brief, den sie beantworten, dabei wird der zitierte Satz eingerückt und Platz auf der Zeile geht verloren. Außerdem sorgt der MIME- Standard dafür, daß Zeilen mit mehr als 76 Zeichen umbrochen werden. Daher führen zu lange Zeilen zur Unleserlichkeit.

4.3.2 MIME

Das RFC-Dokument 822 legte 1982 in erster Linie den Standard für Kopfzeilen in der elektronischen Post fest. Dort wurde unterstellt, beim Inhalt des Briefes handle es sich um reinen ASCII-Text. Wer Binärdateien (Programme, Bilder, Sounds, etc.) versenden wollte, mußte die Datei so codieren, daß sie nur noch aus ASCII-Zeichen bestand (siehe oben UUEN-CODE). MIME (Multipurpose Internet Mail Extensions) fügt dem RFC-822-Standard vier weitere Felder hinzu, die genauer den Inhalt des Briefes spezifizieren. Aus diesen Feldern kann das Post-Programm, so es diese berücksichtigt, entnehmen, welche anderen Programme aufzurufen sind, um z. B. ein Bild darzustellen. Das heißt nicht, daß die Daten im Brief nicht codiert würden, aber ein MIME-konformes Post-Programm bietet die Möglichkeit, alle Codierungsvorgänge zu automatisieren. Das erste Feld, welches der MIME-Standard definiert, heißt MIME- Version:. Bislang gibt es nur die Version 1.0, so daß der Eintrag 1.0 dem Standard genügt. Mit der Verwendung dieses Feldes wird dem Post- Programm signalisiert, daß der Inhalt des Briefes mit dem MIME- Standard konform geht.

Kannte der RFC 822 zwei Teile eines Briefes, nämlich den Kopf und den Text, so können Briefe im MIME-Format aus mehreren Teilen bestehen. Die Zeile MIME-Version: 1.0 muß nur einmal im Kopf des Briefes auftauchen. Die anderen Felder, welche der MIME-Standard definiert, können öfter verwendet werden. Sie beschreiben dann jeweils die Einzelteile, aus denen der Brief besteht. Dazu ein Beispiel (Die Informationen oberhalb der ersten Zeile hier unterscheiden sich nicht von denen anderer Briefe und wurden daher weggelassen.):

```
MIME-Version: 1.0
Content-Type: MULTIPART/MIXED;
BOUNDARY="8323328-2120168431-824156555=:325"

--8323328-2120168431-824156555=:325
```

```
Content-Type: TEXT/PLAIN; charset=US-ASCII

Hallo Josef,
        .
        .
Gruss, JPL

--8323328-2120168431-824156555=:325
Content-Type: IMAGE/JPEG; name="bildchen.jpg"
Content-Transfer-Encoding: BASE64
Content-ID: <Pine.LNX.3.91.960212212235.325B@lx-lbs>
Content-Description:
```

```
/9j/4AAQSkZJRgABAQAAAQABAAD//gBqICBJbXBvcnRlZCBmcm9tIE1JRkYg
aW1hZ2U6IFhOZWRkeQoKQ1JFQVRPUjogWFYgVmVyc2lvbiAzLjAwICBSZXY6
        .
        .
se78SaxeW7Qz3zeW33tqqu7/AHtv3qyaKmOGox96MSeSIUUUVuUFFFFABRRR
RZAFFFFABRRRTAKKKKACiiigAooooA//2Q==
```

```
--8323328-2120168431-824156555=:325--
```

Mit dem Feld 'Content-Type:' wird der Inhalt eines Briefes beschrieben. Im Kopf des Briefes legt das Feld 'Content-Type:' für den ganzen Brief dessen Aufbau fest. Das Stichwort 'Multipart' signalisiert, daß der Brief aus mehreren Teilen besteht. Der Untertyp von 'Multipart, 'Mixed' liefert den Hinweis, daß der Brief aus heterogenen Teilen besteht. Der erste Teil dieses Beispiels besteht denn auch aus Klartext, und der zweite Teil enthält ein Bild. Die einzelnen Teile des Briefes werden durch eine Zahlenkombination eingegrenzt, die im Kopf des Briefes im Feld Boundary festgelegt wurde. Ein MIME-konformes Post- Programm sollte anhand dieser Informationen jeden einzelnen Teil adäquat darstellen können. Im Feld 'Content-Type:' können sieben verschiedene Typen festgelegt werden, die jeweils bestimmte Untertypen zur genaueren Beschreibung des Inhalts umfassen (siehe Kasten).

Die Typen 'image', 'audio', 'video' sprechen für sich selbst. Der Typ 'message' sollte dann benutzt werden, wenn der Brief seinerseits einen anderen Brief enthält (z. B. einen, der weitergeleitet wird). Der Typ 'application' ist für die Beschreibung ausführbarer Programme gedacht. Dem Typ 'text' kann noch der Parameter 'charset:' beigefügt werden. Die Vorgabe der Programme lautet in der Regel 'charset: us-ascii'. Anstelle von 'us-ascii' kann hier auch 'iso-8859-1' eingetragen werden. Andere gültige Werte sind die ISO-Zeichensätze 'iso-8859-2' bis 'iso-8859-9', die unter anderem arabische und hebräische Zeichensätze definieren. Dieser Parameter sollte die tatsächlich verwendeten Zeichen reflektieren.

Über kurz oder lang stößt wohl jeder Benutzer der elektronischen Post auf folgende oder ähnliche Zeichenfolgen: =E4, =F6, =FC, =C4, =D6, =DC, =DF; im Klartext: ä, ö, ü, Ä, Ö, Ü, ß. Für den Fall, daß der Brief

Zeilen enthält, die länger als 76 Zeichen sind, erscheint ein =-Zeichen am Ende der Zeile für den automatischen Zeilenumbruch. Verantwortlich für dieses Phänomen ist der Eintrag 'quoted-printable' im Feld 'Content-transfer-encoding'. Mit der Vorgabe 'quoted-printable' soll ein MIME-konformes Post-Programm alle Zeichen deren Wert größer ist als 127, hexadezimal mit einem vorangestellten Gleichheitszeichen darstellen; und es soll Zeilen, die länger als 76 Zeichen sind umbrechen. Unter Umständen werden noch einige andere Zeichen codiert.

MIME-Formate

---

1. text: plain
2. multipart: mixed, alternative, parallel, digest
3. message: rfc822, partial
4. image: jpeg, gif
5. audio: basic
6. video: mpeg
7. application: octet-stream, PostScript, active

Einige Post-Programme verwenden von vornherein 'quoted-printable', obwohl eine andere Belegung des Feldes möglich ist; andere Möglichkeiten sind: '7bit', '8bit', 'binary', 'base64'. Die ersten drei signalisieren allgemein, daß keine Codierung vorgenommen wurde. '7bit' signalisiert im Besonderen, daß ein Brief reine ASCII-Zeichen enthält; '8bit', daß ein Brief über den ASCII-Zeichensatz hinausgeht, und 'binary', daß es sich um 8-Bit-Zeichen handelt, wobei die Zeilenlänge über 1000 Zeichen hinausgehen kann. 'base64' signalisiert ein Codierungsverfahren, in dem (ähnlich wie bei UUENCODE) eine Untermenge von 65 Zeichen des ASCII-Alphabets Verwendung findet. Der mit 'base64' codierte Teil des Briefes besteht dann nur noch aus Zeichen, die mit 7 bit dargestellt werden können. Der Vorteil dieses Codierungsverfahrens besteht im Gegensatz zu anderen darin, daß diese Untermenge in vielen anderen Zeichensätzen ebenfalls enthalten ist. Damit wird eher eine fehlerfreie Übermittlung erreicht, als mit anderen Codierungsverfahren.

4.3.3 POP und IMAP

Auf Arbeitsplatzrechnern, die normalerweise nicht ständig eingeschaltet sind, erfordert Email spezielle Betriebsweisen. Falls der PC in ein lokales PC-Netz integriert ist, bietet sich eine Lösung über den PC-Netz-Server oder einen speziellen PC-Mail-Server an. Es gibt auch die Möglichkeit, direkt vom Arbeitsplatzrechner (PC oder Macintosh) auf die UNIX-Mailbox zuzugreifen. Voraussetzung dafür ist,daß der Arbeitsplatzrechner direkt am Ethernet oder über eine Wählmodem-Verbindung mit dem Protokoll PPP angeschlossen ist. Zusätzlich muß auf dem Arbeitsplatzrechner die TCP/IP-Software installiert sein.

Die Mailer sind z. B. am PC über die DOS-Kommandoebene bzw. von Windows aus aufzurufen. Der Vorteil ist, daß man in der PC-Umgebung bleibt, und Dateien direkt aus dem PC-Directory-System versandt werden können. Die Mailbox des Benutzers liegt dabei selbst auf einem Server-Rechner (Postfach). Der Zugriff vom PC auf das Mailsystem des Servers wird über den sogenannten Client/Server-Mechanismus realisiert. Ein Protokoll, das dieses erlaubt, ist das sogenannte 'post office protocol', kurz POP genannt. Voraussetzung hierfür ist, daß ein POP-Dämon auf dem Server-System läuft. Das Mail-Programm auf dem PC spielt den POP-Client-Part. Ein weiteres Protokoll, das z. B. von Pine verwendet wird, nennt sich Interactive Mail Access Protocol (IMAP). Bei Inbetriebnahme eines POP- bzw. IMAP-Clients muß dieser zunächst konfiguriert werden. Wichtige Angaben sind:

* Domainname des POP- bzw. IMAP-Servers
  (das System, auf dem die eigentliche Mailbox liegt)
* Benutzerkennung auf diesem System
* Paßwort für diese Benutzerkennung
* für den Versand: Angabe des SMTP-Mail-Relayhosts

4.4 Wissenswertes über USENET-News

4.4.1 Grundregeln für das Verhalten in den News

Der folgende Text ist die vielzitierte 'Netiquette', er wird regelmäßig in den Newsgruppen 'de.answers' und 'news.answers' gepostet. In diesen Newsgruppen finden Sie auch weitere lesenswerte Informationen zum Usenet.

Hierbei handelt es sich um die Benimmregeln für das Arbeiten in einem Computernetzwerk und die Verwendung der dort vorhandenen öffentlichen Foren. Diese Regeln sind nicht nur ein überflüssiges Übel sondern vielmehr ein absolutes *MUSS*, wenn es nicht gröbere Scherereien in einer derart komplexen Usergemeinde geben soll!

Vergiß niemals, daß auf der anderen Seite ein Mensch sitzt.

Die meisten Leute vergessen, daß sie beim Schreiben von Mails und Artikeln nicht nur ihrem Computer gegenübersitzen, sondern (in übertragenen Sinne) auch anderen Menschen. Je nach Distribution Ihrer Nachricht kann sie von Leuten z. B. in ganz Deutschland und der Schweiz gelesen werden. Denken Sie immer daran, und lassen Sie sich nicht zu verbalen Ausbrüchen hinreißen. Bedenken Sie: Je ausfallender und unhöflicher Sie sich gebärden, desto weniger Leute sind bereit, Ihnen zu helfen, wenn Sie einmal etwas brauchen. Eine einfache Faustregel: Schreibe nie etwas, was Du dem Adressaten nicht auch vor anderen Leuten ins Gesicht sagen würdest.

Erst lesen, dann denken, dann nochmal lesen, dann nochmal denken, dann posten.

Die Gefahr von Mißverständnissen ist bei einem geschriebenen, computerisierten Medium besonders hoch. Vergewissern Sie sich mehrmals, daß der Autor des Artikels, auf den Sie antworten wollen, auch das gemeint hat, was Sie denken. Insbesondere sollten Sie darauf achten, ob nicht vielleicht Sarkasmus oder ähnliche Abarten des Humors :-) benutzt wurden, ohne ihn mit dem Smiley-Symbol ':-)' zu kennzeichnen.

Fasse Dich kurz.

Niemand liest gerne Artikel, die mehr als 50 Zeilen lang sind. Denken Sie daran, wenn Sie Artikel verfassen. Nebenbei: Es empfiehlt sich, die Länge der eigenen Zeilen unter etwa 70 Zeichen zu halten. Warum? Weil der Text beim Zitieren etwas eingerückt wird und längere Zeilen möglicherweise über den rechten Bildschirmrand hinausgehen würden. Texte, bei denen von jede Zeile ein paar Buchstaben in die nächste Zeile 'hängen', sind extrem schwer lesbar.

Deine Artikel sprechen für Dich. Sei stolz auf sie!

Die meisten Leute auf dem Netz kennen und beurteilen Sie nur über das, was Sie in Artikeln oder Mails schreiben. Bitte versuchen Sie, Ihre Artikel möglichst frei von Rechtschreibfehlern und leicht verständlich zu verfassen. Ein Duden neben dem Rechner mag manchem als Übertreibung erscheinen; bedenken Sie jedoch, daß ihr Anliegen nicht rüberkommt, wenn es nicht einmal den elementarsten Anforderungen an Stil, Form und Niveau genügt. Bedenken Sie bitte auch: Vielleicht lesen Ihre zukünftigen Kollegen oder Ihr zukünftiger Chef mit. Vorurteile bilden sich leicht.

Nimm Dir Zeit, wenn Du einen Artikel schreibst.

Einige Leute denken, es würde ausreichen, einen Artikel in zwei Minuten in den Rechner zu hacken. Besonders im Hinblick auf die vorangegangenen Punkte ist das aber kaum möglich. Sie sollten sich Zeit nehmen, um einen Artikel zu verfassen, der auch Ihren Ansprüchen genügt.

Achte auf die 'Subject:'-Zeile.

Wenn Sie einen Artikel verfassen, achten Sie bitte besonders auf den Inhalt der 'Subject:'-Zeile. Hier sollte in kurzen Worten (möglichst unter 40

Zeichen) der Inhalt des Artikels beschrieben werden, so daß ein Leser entscheiden kann, ob er von Interesse für ihn ist oder nicht. In länger dauernden Diskussionen kann es sein, daß das Thema, über das debattiert wird, vom ursprünglichen 'Subject' abweicht. Bitte editieren Sie die 'Subject:'-Zeile entsprechend. Eine gute Angewohnheit ist es, wenn Sie den alten Titel zusätzlich noch angeben; bei Followups auf solche Artikel sollte der alte Titel aber entfernt werden.

Denke an die Leserschaft

Überlegen Sie sich vor dem Posten eines Artikels oder Followups, welche Leute Sie mit Ihrer Message erreichen wollen. Ein Artikel mit dem Titel 'Fernseher Bj. 1972 an Selbstabholer' ist in einer lokalen Newsgruppe sicher wesentlich besser aufgehoben als in einer de-Gruppe. Wählen Sie die Gruppe (oder Gruppen), in die Sie schreiben, sorgfältig aus. Posten Sie, wenn irgend möglich, nur in EINE Gruppe. Ein Crossposting eines Artikels in mehrere, womöglich inhaltlich verwandte Gruppen, ist nicht empfehlenswert.

Vorsicht mit Humor und Sarkasmus

Achten Sie darauf, daß Sie Ihre sarkastisch gemeinten Bemerkungen so kennzeichnen, daß keine Mißverständnisse provoziert werden. Bedenken Sie: In einem schriftlichen Medium kommt nur sehr wenig von Ihrer Mimik und Gestik rüber, die Sie bei persönlichen Gesprächen benützen würden. Im Netz gibt es für diesen Zweck eine ganze Reihe von Symbolen; die gebräuchlichsten sind ':-)' und ':-('. Wenn Ihnen nicht sofort auffällt, was diese Symbole bedeuten sollen, drehen Sie den Kopf doch mal um 90 Grad nach links und schauen Sie noch einmal... :-)

Kürze Zitate auf das notwendige Minimum.

Es ist eine gute Angewohnheit, Texte, auf die man sich bezieht, wörtlich zu zitieren. Wenn Sie einen Followup-Artikel schreiben, wird Ihnen der gesamte Text, auf den Sie sich beziehen, zum Editieren angeboten. Machen Sie es sich zur Angewohnheit, nur gerade so viel Originaltext stehen zu lassen, daß dem Leser der Zusammenhang klar wird. Das ist wesentlich leichter zu lesen und zu verstehen und keine Verschwendung von Resourcen. Lassen Sie den Originaltext aber auch nicht ganz weg! Der Leser Ihres Artikels hat den Artikel, auf den Sie sich beziehen, mit hoher Wahrscheinlichkeit nicht mehr exakt in Erinnerung und hat ohne weitere Anhaltspunkte große Mühe, den Sinn Ihrer Ausführungen zu erkennen.

Benutze Mail, wo immer es geht.

Wenn Sie dem Autor eines Artikels etwas mitteilen wollen, überlegen Sie sich bitte genau, ob dafür nicht eine simple Mail ausreicht. Ein Beispiel:

Spätestens dann, wenn hitzige Diskussionen schließlich in wüste Beschimpfungsorgien ausarten, ist der Zeitpunkt gekommen, an dem die Diskussion niemanden außer den Streithähnen interessiert. Generell gilt: Wenn Sie etwas mitteilen wollen, das auch viele andere Leute interessieren könnte, benutzen Sie die News. Andernfalls ist eine persönliche Mail sicher ausreichend.

Gib eine Sammlung Deiner Erkenntnisse ans Netz weiter.

Wenn Sie eine Frage an die Netzgemeinde gestellt haben, und darauf Antworten per Mail empfangen haben, die evtl. auch andere Leute interessieren könnten, fassen Sie Ihre Ergebnisse (natürlich gekürzt) zusammen und lassen Sie damit auch das Netz von Ihrer Frage profitieren.

Achte auf die gesetzlichen Regelungen.

Es ist völlig legal, kurze Auszüge aus urheberrechtlich geschützten Werken zu informativen Zwecken zu posten. Was darüber hinaus geht, ist illegal. Zu den urheberrechtlich geschützten Werken gehören u.a. Zeitungsartikel, Liedtexte, Programme, Bilder etc. Ebenfalls illegal ist es, mit Wort und/oder Bild Gewalt zu verherrlichen, rassistische Äußerungen zu machen oder zu Straftaten aufzurufen bzw. Anleitungen dafür zu liefern. Achten Sie darauf, daß Sie mit Ihrem Artikel keine Gesetze brechen und bedenken Sie, daß sich jeder strafbar macht, der solche Informationen auf dem eigenen Rechner hält und anderen zugänglich macht.

Benutze Deinen wirklichen Namen, kein Pseudonym

Aufgrund der negativen Erfahrungen, die sehr viele Leute auf dem Netz mit solchen Pseudonymen gemacht haben und auch aus presserechtlichen Gründen müssen Sie Ihre Artikel mit Ihrem wirklichen Namen versehen. Wenn Sie nicht vorhaben, Ihren Namen preiszugeben, vergessen Sie das Internet (oder zumindest das Schreiben von Artikeln und Mails) bitte schnell. Die Betreiber von Systemen, die Zugriff auf das Internet anbieten, sind angehalten, entsprechende Maßnahmen zu ergreifen.

Keine 'human gateways' - das Netz ist keine Mailbox

Ebenfalls wird davon abgeraten, seine Aufgabe darin zu sehen, Artikel aus verschiedenen anderen für jedermann zugänglichen Netzen (um Namen zu nennen: Fido, Zerberus, BTX, etc. etc.) ins Usenet zu pumpen. Das gilt insbesondere dann, wenn es den Informationen am allgemein üblichen Niveau mangelt, die darin angesprochenen Tatsachen jedem durchschnittlich intelligenten Menschen bereits bekannt sind oder abzusehen ist, daß sich nur ein verschwindend geringer Bruchteil der Netz-User dafür interessiert. Bedenken Sie: Das Usenet ist keine Daten-Mülltonne.

Kommerzielles

Ein gewisses Maß an kommerziellen Informationen wird auf dem Netz gerne toleriert, z. B. Adressen von Firmen, die ein bestimmtes Produkt anbieten, nachdem jemand danach gefragt hat. Als unverschämt wird dagegen die Verbreitung von reinen Werbeinformationen angesehen, insbesondere, wenn sie ein gewisses Volumen überschreiten. Bedenke: Dies ist ein nichtkommerzielles Netz, und nicht jeder will Übertragungskosten für Werbung bezahlen.

'Du' oder 'Sie' ?

Aus der Deutschsprachigkeit der de-News erwächst die Frage, ob man andere Netzteilnehmer in Artikeln und Mails 'duzen' oder 'siezen' sollte. Dafür gibt es keine allgemeingültige Regel; es hat sich jedoch eingebürgert, den Anderen mit 'Du' anzureden. 99.9% der Teilnehmer der Netze finden das auch völlig in Ordnung und würden es als eher absonderlich ansehen, wenn sie auf einmal gesiezt werden würden. Durch die Kommerzialisierung des Netzes kommen aber immer mehr neue User ins Netz, die an die gewachsenen Strukturen noch nicht gewöhnt sind. Bei News-Artikeln kannst Du beim 'Du' bleiben; in einer E-Mail richte Dich danach, wie Dein Partner Dich anspricht.

Signaturen

Eine 'Signatur' ist ein kurzer Text, der an das eigentliche Posting angehängt wird und Angaben zum Absender enthält. Dies kann beispielsweise eine Briefpostadresse, ein Hinweise auf den Arbeitgeber, auf Freizeitaktivitäten oder ein lustiger Spruch sein. Zum Teil wird diese Signatur durch ein ASCII-Bildchen 'aufgewertet'. Per Konvention sollte die Signatur nur in Ausnahmefällen den Umfang von 4 Textzeilen überschreiten. Die Signatur wird durch eine Zeile vom Text der Nachricht getrennt, die nur die drei Zeichen '- -' (Minus, Minus, Leer) enthält.

Zusammenfassung der Dinge, die Du bedenken sollten

- Vergiß niemals, daß auf der anderen Seite ein Mensch sitzt.
- Erst lesen, dann denken, nochmal lesen, nochmal denken, dann posten.
- Fasse Dich kurz.
- Deine Artikel sprechen für Dich. Sei stolz auf sie!
- Nimm Dir Zeit, wenn Du einen Artikel schreibst.
- Achte auf die 'Subject:'-Zeile.
- Denke an die Leserschaft.
- Vorsicht mit Humor und Sarkasmus!
- Kürze den Text, auf den Du Dich beziehst, auf das Minimum.

- Benutze Mail, wo immer es geht.
- Gib deine Erkenntnisse ans Netz weiter.
- Achte auf die gesetzlichen Regelungen.
- Benutze Deinen wirklichen Namen, kein Pseudonym
- Kommerzielles nur als Antwort auf einen Beitrag

4.4.2 Was hat es eigentlich mit dem Artikel-Headern auf sich?

Jeder Artikel besitzt einen sogenannten 'Header', der einige wichtige Daten des Artikels enthält. Normalerweise wird der Header automatisch vom jeweiligen Newsreader-Programm erzeugt und Sie müssen nur auf die Leerzeile zwischen Header und Text achten. Auf den folgenden Seiten wird etwas Hintergrundinfo über den Header gegeben. Einige von Ihnen, wie z. B. 'Subject', 'Newsgroups' und automatisch eingefügte Header sind zwingend notwendig (obligatorische Header) andere können auch fehlen (optionale Header).

Die obligatorischen Header:

Subject:

Der Subject-Header (Betreff) soll angeben, worum es im Artikel geht. Viele Leser entscheiden anhand dieses Betreffs, ob sie den Artikel lesen oder überspringen. Wenn man auf einen anderen Artikel antwortet, wird normalerweise der Betreff des anderen Artikels (mit einem vorangestellten 'Re:') automatisch übernommen. Falls sich die Diskussion in eine andere Richtung entwickelt, sollte man jedoch den Subject:-Header an die veränderte Thematik anpassen. Es ist hierbei üblich, nach dem neuen Subject in Klammern '(was: altes Subject)' anzugeben (was ist das englische Wort für 'war'). Beim Antworten auf einen solchen Artikel sollte man dann die Klammer entfernen.

Newsgroups:

Hierhin kommt der Name der Gruppe, in die der Artikel gepostet wird. Ab und zu kann es sinnvoll sein, den Artikel in mehr als eine Gruppe zu posten. In diesem Fall gibt man in diesem Header die Namen aller betroffenen Gruppen an. Die Gruppennamen müssen dabei durch ein Komma getrennt werden. Bitte nicht denselben Artikel in die Newsgruppen einzeln posten! Die Methode, mehrere Gruppennamen in diesen Header zu schreiben nennt man 'Crossposting'. Sie hat eine Reihe von Vorteilen: Der Artikel wird nur einmal übertragen und auf vielen Newssystemen steht der Artikeltext dann auch nur einmal auf der Platte. Achtung: Nach einem trennenden Komma auf keinen Fall ein Leerzeichen setzen, der Artikel wird sonst von vielen Newssystemen als fehlerhaft weggeworfen. Meist wird es sinnvoll sein, bei einem 'crossposted' Artikel die Antworten nur in eine Gruppe zu leiten. Siehe hierfür den Followup-To:-Header weiter unten.

Automatisch ergänzte Header:

Ausser den obengenannten Teilen müssen noch die folgenden Header-zeilen vorhanden sein, die beim Absenden automatisch erzeugt werden.

From:	Autor des Artikels
Message-ID:	weltweit eindeutige Identifikation
Date:	Absendedatum
Path:	Weg der Nachricht durch die Systeme (Hier fügt jedes System seinen Namen an)

Optionale Header

gibt es in größerer Zahl, daher nur eine Auswahl:

Distribution:

Der Sinn dieses Headers ist es, die Verbreitung eines Artikels einzu-schränken. Wenn alle Leser einer Gruppe erreicht werden sollen, dann bleibt dieser Header weg (oder 'world' einsetzen). Beides bedeutet das gleiche, nämlich *keine* Einschränkung. Welche anderen Distributionen es gibt, ist eine Vereinbarungssache zwischen den Systemen, die eine Distribution aus-tauschen. Viele Systeme verwenden die Distribution 'local' für Artikel, die das eigene System nicht verlassen sollen (normalerweise wird der 'Distribution:'-Header automatisch erzeugt; er ist somit vom Benutzer nicht zu ändern).

Organization:

Angabe, wem der Rechner gehört, auf dem der Artikel geschrieben wurde, er wird normalerweise automatisch eingesetzt.

References:

Sollte nur existieren, wenn auf einen anderen Artikel geantwortet wird. Hier steht die Message-ID des beantworteten Artikels und oft auch die Mes-sage-IDs aus der References-Zeile. Dies wird von manchen Newsreadern be-nutzt, um zu erkennen, dass sich der neue Artikel auf den beantworteten be-zieht. Falls man mit der Antwort eine neue Diskussion eröffnet, sollte man eventuell den References-Header löschen und damit den Bezug zum alten Artikel lösen. Die References-Zeile kann u. U. sehr lang werden (Antwort auf Antwort, usw.).

Followup-To:

Dieser Header dient der Umleitung von Antworten auf einen neuen Artikel oder eine Antwort. Man gibt hier die Foren an, in welche die Antworten auf den Artikel gehen sollen, falls diese von den Gruppen im 'Newsgroups:'-Header abweichen. Verwendet wird dies z. B. wenn man einen Artikel in mehrere Gruppen schreibt, aber die Antworten in nur einer Gruppe haben will, oder wenn es zu der Gruppe, in welcher der Artikel steht, eine separate 'Diskussionsgruppe' gibt, wie beispielsweise 'de.talk.jokes' für Witze, 'de.talk.jokes.d' für Diskussionen darüber. Ein Sonderfall ist die Angabe von 'poster'. Dies bedeutet, dass Antworten nur per Mail an den Autor erlaubt sind, jedoch keine Followups in den Foren. Leider verstehen das einige Newsreaderprogramme nicht.

Reply-To:

Dieser Header dient dazu, Antworten per Mail an eine andere Adresse als im 'From:'-Header umzuleiten, z. B. weil die 'From:'-Adresse nicht per Mail erreichbar ist.

Es gibt noch eine Unzahl weiterer möglicher Header, die hier nicht aufgeführt wurden. Zum Schreiben eines Artikels sind sie nicht nötig. Sie können vom jeweiligen System zur Steuerung und Verwaltung bestimmter Funktionen verwendet werden.

Die Newsheader sind in den Internet-Standard-Dokumenten, den sogenannten RFCs (Requests for Comment) definiert. Für Newsheader relevant sind derzeit RFC 822 mit Ergänzungen aus RFC 1123 sowie RFC 1036. Eine Einführung in deutscher Sprache findet sich auch in der Zeitschrift 'iX', Ausgabe 4/92, Seite 107.

4.4.3 Verwendung von 'Followup-To:'

In welche Foren bzw. welches Forum postet man seinen Artikel damit er alle die User erreicht, die sich dafür interessieren bzw. ein Problem lösen können? Eine Lösung ist die 'Followup-To:'-Möglichkeit des TIN zu nutzen. Der Basiseintrag wird dabei in die gewünschten Foren gepostet während die Antworten in nur einem einzigen Forum 'gesammelt' werden. Um die 'Followup-To:'-Möglichkeit zu nutzen, geht man folgendermaßen vor:

*- Im Editor ergänzt man die Newsgroup-Zeile um die Foren in dem der Basisartikel stehen soll (getrennt durch Kommata).

* Nach der letzten Zeile des Headers fügt man die 'Followup-To:'-Zeile mit der Newsgruppe ein, zu der die Antworten ('f- oder 'F'-Befehle) ge-

schickt werden sollen. Achtung: Auf Groß- und Kleinschreibung achten, den Doppelpunkt und die Leerstelle nicht vergessen.

* Nach dem Header die Leerzeile nicht vergessen!

* Beispiel:
    Subject: Wie schicke ich Mail ins Fido-Netz?
    Newsgroups: de.admin.mail,de.newusers.questions
    Summary:
    Keywords:
    Followup-To: de.newusers.questions

    < Text >

Wenn man eine Antwort auf den Basisartikel schreiben will, werden nach Eingabe des 'f' oder 'F' bei vielen Newsreadern die Newsgruppen aufgelistet, in die die Antwort geschickt wird. Bestätigen und wie gewohnt die Antwort schreiben. Der besseren Übersicht halber kann man am Anfang seines Textes die 'Followup-To:'-Anmerkung noch in eckige Klammern dazuschreiben.

4.4.4 Einrichten und Löschen von Newsgroups

Das Einrichten und Entfernen von Newsgroups ist von technischer Seite gesehen ausgesprochen einfach. Es reicht ein einziger Artikel aus, der einem bestimmten Format entspricht (sogenannte Control-Message). Aber nicht alles, was möglich ist, ist auch erlaubt. Damit aber nicht totales Chaos ausbricht, haben sich gewisse Spielregeln zur Einrichtung einer Gruppe eingebürgert. Auf den meisten Systemen wird auch technisch das hier beschriebene Procedere bevorzugt. Die Regeln differieren von News-Hierarchive zu News-Hierarchie. So gelten für Gruppen innerhalb der "alt.*"-Hierarchie andere Bedingungen als innerhalb von "news.*". Der folgende Text beschreibt knapp die Spielregeln, wie sie innerhalb der deutschsprachigen News-Hierarchie "de.*" mit Ausnahme von "de.alt.*" gelten. Werden diese Regeln ohne hinreichenden Grund nicht beachtet, so ist es nahezu ausgeschlossen, daß die Entscheidung akzeptiert wird. Was nicht bedeutet, daß man die Gruppe nicht lokal im eigenen Netz führen darf - oder, wie es öfter vorkommt, im regionalen Bereich.

Eine Entscheidung wird herbeigeführt, in dem man ein Thema durch einen RfD (Request for Discussion) zur Diskussion stellt, der Diskussion genügend Zeit läßt, und dann, falls noch Bedarf und hinreichend Aussicht auf Erfolg besteht, durch einen förmlichen CfV (Call for Votes) darüber abstimmen läßt. Ist die Wahl erfolgreich, veranlaßt der Moderator oder der Wahlleiter die notwendigen Schritte zur "Durchsetzung" der Entscheidung, indem er einen dafür vorgesehenen Server die Einrichtungsnachricht (newgroup) abschicken läßt.

Damit alle Administratoren und alle interessierten Netznutzer mitbekommen, welche Entscheidungen anstehen, müssen alle Ankündigungen und Einrichtungen über die Newsgruppe de.admin.news.announce laufen. Diese Gruppe ist moderiert. Sie dient ausschließlich dem Veröffentlichen von Diskussions- und Wahlaufrufen, Zwischen- und Endergebnissen sowie administrativen Dingen dieser Gruppe. Wünscht man eine solche Veröffentlichung, so muß man seinen Artikel per email an den Moderator (moderator@dana.de) schicken. Der Moderator prüft, ob der gewünschte Artikel den Bestimmungen der Gruppe entspricht und postet ihn (ggf. nach Korrektur durch den Autor) in de.admin.news.announce und in jede weiteren gewünschten Gruppe. Aus einem RfD muß deutlich hervorgehen, über was diskutiert werden soll. Bei der Einrichtung einer neuen Gruppe soll der angestrebte Status (moderiert oder unmoderiert), und der Name der Gruppe erwähnt sein. Weiter sollte nach Möglichkeit bereits hier, spätestens jedoch im CfV sollte eine Kurzbeschreibung und eine Charta erstellt werden. Die Charta gibt an, worum es in dieser Newsgroup überhaupt geht; sie ist normalerweise ein bis zwei Absätze lang, die Kurzbeschreibung hat eine Länge von ca. 60 Zeichen. Die auf den RfD folgende Diskussion wird mittels "Followup-To:" auf de.admin.news.groups gerichtet, eine Diskussion an (ausschließlich) anderer Stelle sollte unterbleiben. Die Diskussion dauer in der Regel zwei bis vier Wochen.

Nach der Diskusssion kann ein Wahlaufruf (Call for Votes, CfV) beim Moderator eingereicht werden. Dieser muß explizit enthalten, an welche E-Mail-Adresse eine Stimme zu richten ist, und den genauen Zeitraum, in dem Stimmen akzeptiert werden. Sie sollte nur in Ausnahmefällen weitere Regelungen enthalten. Jeder, der in der Lage ist, eine ansonsten korrekte Stimme beim Wahlleiter abzugeben, ist wahlberechtigt und hat genau eine Stimme. Das Wahlrecht beschränkt sich auf natürliche Personen. Die Wahl ist allgemein, gleich und frei, jedoch nicht geheim! Die Wahl gilt in der vorgeschlagenen Form als angenommen, wenn nach Ablauf der Frist mindestens 2/3 aller abgegebenen, gültigen Stimmen dafür stimmen (Verhältnis), und mindestens 30 Ja-Stimmen eingetroffen sind (Wahlbeteiligung). Nach Ablauf der Wahlfrist wird vom Wahlleiter eine Liste der Abstimmenden sowie deren Stimmen zusammengestellt.

Diese Liste wird dann vom Moderator gepostet. Wird nicht innerhalb einer Woche gegen das Ergebnis widersprochen, so wird die Wahl als gültig angesehen. Gilt die Wahl als angenommen, so veranlaßt der Moderator oder der Wahlleiter, daß von einen definierten Serveraccount eine newgroup-Controlmessage verbreitet wird.

Für die de.alt.*-Newsgruppen gilt eine Sonderregelung: Hier ist alles viel einfacher, es sollte aber trotzdem oder gerade deswegen fair zugehen. Zur Einrichtung einer Gruppe in de.alt.* postet man in de.alt.admin einen Vorschlag für die neue Gruppe und fragt, ob jemand Einwände gegen die vorgeschlagende Gruppe hat. Dann wartet man fairerweise lang genug, damit sich auch wirklich jemand beklagen kann (News-Laufzeiten sind bedauerlicherweise immer noch im Tage- nicht im Minutenbereich, also etwas ein Woche warten), und schickt, wenn der Protest nicht allzu heftig war, einfach die newgroup-Controlmessage. Auf diese Weise können Gruppen zu aktuellen Anlässen schnell eingerichtet und mit einem entsprechenden Procedere auch schnell wieder gelöscht werden. Nachteil: de.alt wird nicht von allen Systemen getragen, man erreicht also nur einen kleineren Teil von Adressaten.

4.5 Sex und Bomben im Internet

Der WDR tut es, ZAK tut es, c't hat es getan, Und EMMA tut es immer wieder: Berichte über Sex im Internet bringen. Warum sie das tun, ist klar. Es ist eines der heißesten Themen der deutschen Presse, Menschen regen sich auf, Emotionen schlagen hoch - oder lassen sich zumindest damit hochschlagen. Kurz gesagt: Berichte über Sex mitten auf der Datenautobahn sind in. Und wenn es nicht um Sex geht, dann liest man, daß jugendliche Terroristen die Bauanleitungen für Bomben aus dem Internet holen oder daß Drogendealer sich die Rezepte für Extasy im Netz besorgen. Außerdem ist das Netz Tummelplatz für Rechts-, Links- oder Sonstwas-Extremisten.

Da sich jedoch auch seriöse Magazine wie Zeit, Spiegel oder FAZ auf dieses Thema gestürzt haben, ist eine kurze Bemerkung dazu nötig. Zunächst eine pauschale Antwort: Es stimmt; im Internet gibt es Sex und all das andere. Nun müssen wir das Ganze aber relativieren:

Das Internet spiegelt unsere menschliche Gesellschaft wieder - also kommen auch Sex und politische Randgruppen vor. Dabei wird primär immer der Dienst 'News' mit dem gesamten Netz gleichgesetzt. Es gibt Newsgruppen, in denen mit der Sexualität zusammenhängende Themen diskutiert und auch Geschichten mit entsprechendem Inhalt zu finden sind. Etwa 1% (!) der Newsgruppen beschäftigen sich mit diesem Themenkreis. Gegen diese Gruppen ist an sich nichts einzuwenden - sofern sie nicht Minderjährigen zugänglich gemacht werden! Wer sie nicht will, muß sie auch nicht lesen. Einge der Newsgruppen haben Hilfeleistungen für mißbrauchte Frauen oder Kinder zum Thema, sind also durchaus sinnvoll, tragen jedoch das Stigma 'sex' im Namen.

Es gibt auch Newsgruppen, in denen einschlägige Bilder verbreitet werden. Diese 'binaries'-Gruppen sind nach meiner Ansicht unnötig - wer Bilder will, soll in die entsprechenden Läden gehen. Leider wird nicht zwischen reinen Diskussionsforen und 'Bilder-Newsgruppen' unterschieden und alle einschlägigen Gruppen von vielen Providern gesperrt - ein kleiner Schritt in Richtung Zensur und Beschränkung der Meinungsfreiheit, denn diese ist auch immer *"die Freiheit der Andersdenkenden"*. Wer die Bilder haben will, kommt auch dran. Entweder man sucht sich einen Newsserver im Ausland oder holt sich gleich die Bilder von einem fernen Rechner. Außer einer leichten Erhöhung der Netzlast kein Unterschied. Spezielle Newsgruppen für ganz spezielle Themen haben aber noch eine andere, nicht zu unterschätzende Aufgabe: Bestimmte Themen werden auf eine einzige Newsgruppe beschränkt und nicht über viele Diskussionsgruppen 'verschmiert'. So kann man diese Gruppe meiden und kommt nicht 'an jeder Ecke' mit dem ungewünschten Thema in Berührung.

Auch die Bombenbauanleitungen sind im Netz zu finden, denn schließlich hat man Zugang zu Informationsservern auf der ganzen Welt. Ein paar Anleitungen, die durch die News geisterten, habe ich gelesen. Sie sind teilweise sehr gefährlich - für den, der sie ernst nimmt und versucht, sie nachzuvollziehen. Der Bastler riskiert Leib und Leben, denn die Texte sind fehlerhaft und von mangelndem Fachwissen geprägt. Auch für derartige Informationen braucht man das Netz nicht, ein paar gute Chemie- und Physikbücher tun es auch - und die gibt es in jeder öffentlichen Bibliothek. Hier zeigt sich auch der Nachteil der pseudo-anarchischen Struktur. Jeder, der sich berufen fühlt, kann erst einmal Informationen ins Netz streuen. Wenn sich dann Proteste erheben, ist es oft zu spät. Daraus folgt die Regel: "*Sei mißtrauisch!*".

Extremisten können das Netz für die Übermittlung von E-Mail oder Dateien nutzen - auf dieselbe Art und Weise, wie sie Telefon, Brief- und Paketpost nutzen können. Und genausowenig wie die Post für die Verabredung einer Straftat am Telefon verantwortlich ist, kann das Netz etwas dafür, wenn es auf diese Weise mißbraucht wird. Gegen Propaganda in den News wehrt sich die Netzgemeinde mit allen Mitteln. Ebenso würde sich die Mehrheit der Internet-Nutzer aber auch gegen Versuche von Zensur wehren. Solche Versuche wären zudem zum Scheitern verurteilt, denn das Netz wurde ja ursprünglich unter dem Gesichtspunkt entwickelt, das auch bei Ausfall von Teilen der Nachrichtenverbindungen die Informationen zum Empfänger gelangen ("*Das Netz betrachtet Zensur als Fehlfunktion und umgeht sie.*").

Auf der anderen Seite gilt, daß man auch kein Recht auf irgendwelche Informationen hat. Wenn Ihr Provider beschließt, die Newsgruppen der *alt.binaries*-Hierarchie nicht anzubieten (egal, ob er das aus ethischen Gründen tut oder nur, um Plattenplatz zu sparen) und im Nutzungsvertrag die 'Lieferung' dieser Newsgruppen nicht ausdrücklich vermerkt ist, können Sie höchstns versuchen die Daten von einer anderen Stelle zu bekommen. Eine Universität könnte beispielsweise auf die Idee kommen, die Freizeit-Newsgruppen (*rec*-Hierarchie) nicht anzubieten, da diese nicht dem wissenschaftlichen Datenaustausch dienen. Derzeit wird das Ganze noch sehr salopp und frei gehandhabt. Damit das so bleibt, müssen auch die Benutzer 'auf dem Teppich bleiben'.

Aber nicht nur die Newsgruppen können der Verbreitung von illegalen Daten dienen, sondern beispielsweise WWW- und FTP-Server im Ausland, bei denen man sich weltweit bedienen kann. Auch im IRC wird die Möglichkeit des Datenaustausches genutzt, um 'Schweinebilder' zu tauschen.

Fazit: Grundsätzlich gilt, wie schon gesagt, daß sich alle Dinge des täglichen Lebens und alle Facetten der Gesellschaft im Netz wiederspiegeln - und das sind nun mal nicht immer nur positive Dinge. Damit wir in diesem leicht anarchischen Internet noch lange einen freizügigen Datenaustausch haben, muß jeder Benutzer seinen Anteil leisten, indem er das Netz nicht mißbraucht, das Klima gegenseitiger Toleranz und Hilfsbereitschaft erhält und

Strafbares energisch zurückweist. Gelegentliche 'Flames', d. h. streitbare Vorwürfe gehören natürlich auch dazu - sofern man es nicht übertreibt. Sonst wird man recht schnell feststellen, daß es im Internet durchaus unangenehm werden kann.

4.6 Was ist HTML

HTML ist die 'Hyper Text Markup Language'. In dieser Script-Sprache werden WWW-Seiten erstellt. HTML besteht aus normalem Text, bei dem Steueranweisungen, sogenannte HTML-Tags in den Text eingefügt werden. Diese Tags beeinflussen das Schriftbild, das später im Betrachtungsprogramm (Mosaic, Netscape, etc.) angezeigt wird; so gibt es zum Beispiel Tags um Überschriften zu erzeugen, oder Tags, die das Schriftbild verändern können. die Tags werden immer in '< ... >' eingeschlossen. Mit nur wenigen Tags lassen sich schon sehr ansprechende Seiten erstellen.

Die Möglichkeit der Interaktion mit dem Leser einer 'HTML-Seite' wird durch sogenannte 'Formulare' (engl. 'Form') geboten, Ein Formular enthält Menüs und Eingabefelder. Der Leser kann bestimmte Menüpunkte auswählen und Eingaben tätigen. Diese Informationen werden dann zum Serverrechner zurückgeschickt und dort mit einem Programm oder Script verarbeitet. Als Resultat der Verarbeitung wird dann dynamisch eine HTML-Seite generiert, die der Leser als Antwort erhält.

Es ist sehr leicht, beliebig häßliche, uninformative, unlogisch strukturierte, schlampig getextete WWW-Seiten zu produzieren. Wenn Sie dann noch Fehler im Gebrauch der HTML-Sprache enthalten oder mit der Mehrzahl der Browser gar nicht richtig gelesen werden können, wendet sich der Leser schnell ab. Bevor Sie Ihre HTML-Dateien schreiben, sollten Sie ein Konzept für den Inhalt, die Struktur und das Layout Ihrer Informationen erstellen. Zu diesen Vorüberlegungen ghören:

* Was will ich erreichen?
* Wen will ich erreichen?
* Welche Informationen will ich veröffentlichen?
* Wie kann ich meine Informationen am besten strukturieren und auf einzelne Seiten aufteilen?
* Wie kann ich Inhalt, Struktur und Layout meiner Informationen mit anderen Infos verbinden?
* Wie kann ich meine Infos übersichtlich präsentieren?
* Wieviel Speicherplatz werde ich auf meinem Server brauchen?
* Wie kurz werden die Transferzeiten zum Leser sein?

Denken Sie auch daran, was HTML ist. Nämlich eine Stukturbeschreibung. Wenn Sie einen Text mit einem Textverarbeitungsprogramm erstellen, können Sie das Layout optimal für die verwendete Papiergröße und für die auf Ihrem Drucker verfügbaren Schriften gestalten. Bei einer WWW-Seite können Sie dagegen nicht wissen, mit was für einer Client-Software und auf was für einem Bildschirm, mit welchen Fenstergrößen und mit welchen Schriftarten und -größen die Seiten gelesen werden. Wenn Ihr HTML-File auf Ihrem Browser mit Ihren persönlichen Einstellungen gut aussieht, bedeutet das noch lange nicht, daß es auch bei anderen Lesern gut kommt. Viele Browser tolerieren viele Abweichungen von den strikten HTML-Sprachregeln. Manche Browser haben weitere Befehle, die von anderen Browsern nicht verstanden werden. Letzteres führt dann zu einer Abhängigkeit von bestimmten Browsern. Das geht inzwischen so weit, daß sich beispielsweise inzwischen auch Browser anderer Hersteller als Netscape-Software identifizieren, um zu dokumentieren, daß sie die herstellerspezifischen Befehle von Netscapes Browser (interner Name: 'Mozilla') beherrschen. Wenn Sie wollen, daß Ihre Information von allen Interessenten gelesen werden kann, dann müssen Sie darauf achten, daß Ihre HTML-Files von allen gängigen Web-Browsern richtig verarbeitet werden ("Norm" im Sinne von "normales Verhalten" oder "De-facto-Standard"). Ein guter Anhaltspunkt dafür sind die vom W3-Consortium zusammengestellten HTML-Spezifikationen auf *http://www.w3.org/*. Die De-facto-Norm umfaßt HTML 2 (abgesegneter Standard) und diejenigen Teile von HTML 3, die schon jetzt von den meisten Browsern unterstützt werden. Eine Einführung in die Sprache selbst würde den Rahmen dieses Buches sprengen, aber es gibt im Netz etliche gute Anleitungen:

HTML-Einführung von Hubert Partl (BOKU Wien):
    http://www.boku.ac.at/htmleinf/
    ftp://mail.boku.ac.at/www/hein.tar.gz (ASCII-Text)
    ftp://mail.boku.ac.at/www/htmleinf.ps.gz (Postscript)

HTML-Kurzanleitung von Hubert Partl (BOKU Wien):
    http://www.boku.ac.at/htmleinf/hkurz.html
    ftp://mail.boku.ac.at/www/hein.tar.gz (ASCII-Text)
    ftp://mail.boku.ac.at/www/hkurz.ps.gz (Postscript)

HTML-Dateien selbst erstellen, von Stefan Muenz (CompuServe):
    http://ourworld.compuserve.com/homepages/muenz/selfhtml.htm   (zum interaktiven Ansehen)
    http://ourworld.compuserve.com/homepages/muenz/selfhtml.zip
    (gepacktes Paket aller Dateien zum herunterladen):

HTML-Einfuehrung, von Dierk Lucyga (Uni Konstanz) </A>:
    http://www.uni-konstanz.de/org/provider/html.html

Deutsche Version des Bare Bones Guide von Kevin Werbach (USA):
    http://werbach.com/barebones/gerippe-eingang.html

4.7 Internet-Technik

Die Verbindung von Rechnern miteinander ist scheinbar kein Problem mehr. Innerhalb eines Gebäudes nimmt man Kabelverbindungen (Ethernet, Token Ring, etc.), für weitere Verbindungen gibt es Modems, Datex-P, ISDN oder Standleitungen. Diese Verbindungen haben aber alle eine unterschiedliche Software-Schnittstelle. Genau um dies zu vermeiden wird im Internet das TCP/IP-Protokoll (Transmission Control Protocol/Internet Protocol) verwendet:

- Unabhängig von der darunterliegenden physischen Netzhardware,
- netzweit einheitliche Adressen,
- einheitliche, geschlossene Programmierschnittstelle,
- standardisierte Protokolle für die Netzwerkdienste,
- unabhängig von Herstellern.

4.7.1 Netze in Schichten

Um die Entwicklung und das Verständnis von Rechnernetzen zu erleichtern, hat die ISO ein Architekturmodell für Rechnernetze entwickelt, das OSI-Referenzmodell. Dieses Modell teilt den Datenverkehr über ein Rechnernetz in sieben übereinanderliegende Schichten ein, die einander zuarbeiten und jede für sich eine bestimmte Abstraktionsebene kennzeichnen. Wenn Daten zwischen zwei Rechnern übertragen werden, erscheint es im Programmiermodell so, als würden zwei gleiche Schichten auf verschiedenen Rechnern miteinander kommunizieren. Die Details der darunterliegenden Ebenen werden vor den darüberliegenden Schichten verborgen.

Beispielsweise ist es die Aufgabe der zweiten Schicht, eine fehlerfreie Verbindung zwischen zwei benachbarten Stationen zur Verfügung zu stellen. Das bedeutet, daß die Schicht 3 sich mit den Details der Datenübertragung zwischen zwei Maschinen nicht mehr zu befassen hat. Sie kann mit der Schicht 3 der Gegenstelle kommunizieren, ohne sich um Einzelheiten der Datenübertragung und möglicherweise auftretende Fehler kümmern zu müssen. In Wirklichkeit besteht jedoch die einzige Verbindung zwischen zwei Rechnern auf der Ebene 1, der physikalischen Schicht. Wenn Daten zu senden sind, werden sie von einer Schicht zur jeweils darunterliegenden Schicht weitergereicht. Damit die einzelnen Schichten voneinander unabhängig sind, müssen die Schnittstellen zwischen den Schichten natürlich bekannt und definiert sein (Wartbarkeit, Fehlersuche). Auch TCP/IP hat einen schichtweisen Aufbau, auch wenn es nicht so stark unterteilt ist wie das OSI-Modell; üblicherweise unterscheidet man vier Schichten. Die Grundlage bildet auch hier die physische Übertragungsschicht, deren Aufgabe der eigentliche Datentransport ist. TCP/IP ist kein Netzwerkprotokoll, das die Hardware direkt versteht, denn die Aufgabe von TCP/IP ist es ja gerade, die Verwendung solcher Netzwerke zu vereinheitlichen. TCP/IP-Daten werden über ein vorhan-

denes Trägernetz übertragen, etwa Ethernet, Glasfaserleitungen, Satellitenverbindungen oder per PPP über Modems. Die Ansteuerung der Hardware
wird dann in Schicht 2 von Software übernommen, die dann einen einheitliche Schnittstelle für die weiteren Ebenen bildet. Die beiden Schichten gemeinsam will ich mal ans Netzwerkschicht bezeichnen. Dies ist auch der
große Vorteil des Internet, denn so können zur Verbindung der Netze untereinander beliebige bereits vorhandene Datenwege verwendet werden.

4.7.2 Internet-Protocol

Auf der oben erwähnten Transportschicht baut die Internet-Schicht auf,
welche die erste Abstraktionsschicht vom Transportmechanismus darstellt.
Auf dieser Schicht 3 stellt das Internet-Protokoll (IP) den grundlegenden
Dienst des Netzes zur Verfügung: den Versand von Datenpaketen, sogenannten Datagrammen, über verschiedene Netze hinweg. Die Netzwerkschicht hat keine Information darüber, von welcher Art die Daten sind, die
sie befördert. Nehmen wir als Beispiel das Ethernet: Von der Ethernet-Karte
werden die Daten, die vom Netz kommen an den Kartentreiber weitergereicht. Dieser interpretiert einen Teil dieser Daten als IP-Header und den
Rest als Datenteil eines IP-Paketes. Auf diese Weise ist der IP-Header innerhalb eines Ethernet-Paketes gewissermaßen eingekapselt. Der IP-Header
enthält, wie Sie bereits wissen, die Adresse von Absender und Empfänger des
Datagramms.

Genauso ist es bei IP, nur daß das IP-Paket selbst wieder ein Datenpaket
für eine höhere Protokollebene enthält, dessen Header auf der IP-Ebene als
Bestandteil der Daten erscheint.

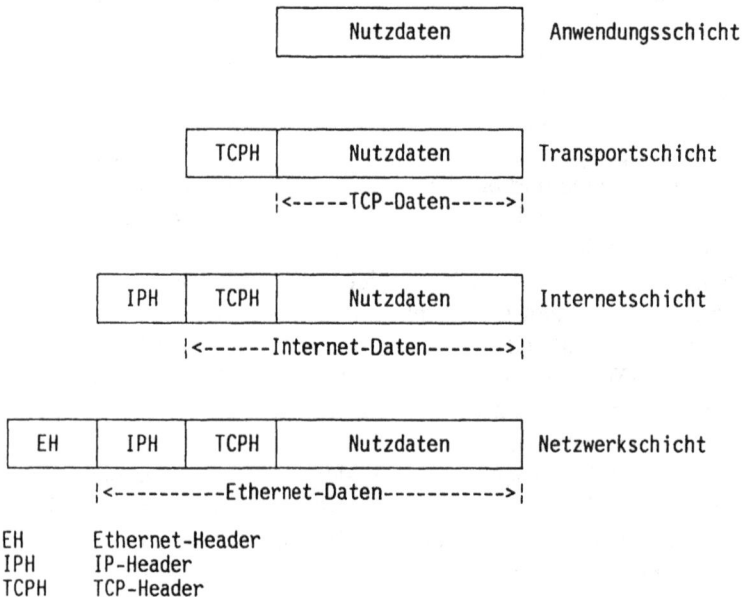

```
                    +------------------------+
                    |       Nutzdaten        |      Anwendungsschicht
                    +------------------------+


            +-------+------------------------+
            | TCPH  |       Nutzdaten        |      Transportschicht
            +-------+------------------------+
            :<------TCP-Daten----->:


      +-----+-------+------------------------+
      | IPH | TCPH  |       Nutzdaten        |      Internetschicht
      +-----+-------+------------------------+
      :<-------Internet-Daten------->:


+-----+-----+-------+------------------------+
| EH  | IPH | TCPH  |       Nutzdaten        |      Netzwerkschicht
+-----+-----+-------+------------------------+
:<----------Ethernet-Daten---------->:

EH        Ethernet-Header
IPH       IP-Header
TCPH      TCP-Header
```

IP ist ein verbindungsloses Protokoll, das bedeutet, IP kennt keinen Verbindungszustand. Es ist also nicht notwendig, eine IP-Verbindung zu einem Rechner zu 'öffnen', bevor man Daten zu diesem Rechner senden kann, sondern es genügt, das IP-Paket einfach abzusenden. Bei einem verbindungsorientierten Protokoll wird beim Öffnen einer Verbindung getestet, ob der Zielrechner überhaupt erreichbar ist. Ein verbindungsloses Protokoll macht das nicht und kann demnach auch nicht garantieren, daß ein Datenpaket überhaupt beim Empfänger ankommt. IP garantiert auch nicht, daß von einem einmal abgeschickten Datenpaket nur eine Kopie beim Empfänger ankommt oder daß in einer bestimmten Reihenfolge abgeschickte Datenpakete auch wieder in dieser Reihenfolge empfangen werden.

Dadurch ist es möglich, daß längere Transfers von einem Rechner zum anderen, die über mehrere Zwischenrechner laufen, beim Ausfall eines dieser Rechner dynamisch neu konfiguriert werden. Bricht irgendwann während der Übertragung ein Übertragungsweg zusammen, so wird ein neuer Weg zum Ziel gesucht und benutzt. Da der neue Weg zeitlich länger oder kürzer sein kann als der alte, kann man keine allgemeingültigen Aussagen darüber machen, in welcher Reihenfolge IP-Pakete beim Empfänger eintreffen. Es kann auch sein, daß bei dieser Umschalterei IP-Pakete verlorengehen oder sich verdoppeln. Alle diese Unebenheiten auszubügeln, überläßt IP anderen, höherliegenden Schichten.

Was geschieht aber, wenn der Kommunikationspartner nicht erreichbar ist. Wie schon erwähnt, durchläuft ein Datagramm mehrere Stationen (je nach Verbindung können das schon mal 30 oder mehr sein). Diese Stationen sind in der Regel sogenannte 'Router' oder Rechner, die gleichzeitig als Router arbeiten. Ohne Gegenmaßnahme würde das Datenpaket für alle Zeiten durch das Netze der Netze irren. Dazu gibt es im IP-Header neben anderer Verwaltungsinfo auch ein Feld mit dem Namen TTL (Time To Live). Der Wert von TTL kann zwischen 0 und 255 liegen. Jeder Router, der das Datagramm transportiert, zählt dieses Feld um 1 herunter. Ist der Wert von TTL bei Null angelangt, wird das Datagramm vernichtet.

Die Hauptaufgabe von IP ist es also, die Unterschiede zwischen den verschiedenen, darunterliegenden Netzwerkschichten zu verbergen und eine einheitliche Sicht auf die verschiedensten Netztechniken zu präsentieren. So gibt es IP nicht nur in Netzen, sondern auch als SLIP (Serial Line IP) oder PPP (Point to Point Protocol) für Modem- oder ISDN-Verbindungen. Zur Vereinheitlichung gehören auch die Einführung eines einheitlichen Adressierungsschemas und eines Fragmentierungsmechanismus, der es ermöglicht, große Datenmengen durch Netze mit kleiner maximaler Paketgröße zu senden.

Die einzelnen Teilnetze des Internet sind durch Geräte verbunden, die Router genannt werden. Diese übernehmen die Funktion von Vermittlungsstellen und der ausliefernden 'Postämter'. Die Adressen, die im Internet verwendet werden, bestehen - wie schon im Kapitel 1 kurz erwähnt - aus vier Byte, dezimal notiert und durch Punkt getrennt (a.b.c.d). Zum Beispiel *141.84.101.2* oder *129.187.10.25*

Bei dieser Adresse werden zwei Teile unterscheiden, die Netzwerkadresse und die Rechneradresse, wobei unterschiedlich viele Bytes für beide Adressen verwendet werden:

Die Bereiche für a ergeben sich durch die Zuordnung der ersten Bits von a, die eine Erkennung der Netz-Klassen möglich machen.

Netz-Klasse	Netzwerk-adresse	Host-Adresse	Bereich für a
A	a	b.c.d	1 - 126 = 01xxxxxx
B	a.b	c.d	128 - 191 = 10xxxxxx
C	a.b.c	d	192 - 224 = 11xxxxxx

Grundsätzlich gilt:

*   Alle Rechner mit der gleichen Netzwerkadresse gehören zu einem Netz und sind untereinander erreichbar.

*   Zur Koppelung von Netzen unterschiedlicher Adresse wird ein Router benötigt.

*   Je nach Zahl der zu koppelnden Rechner wird die Netzwerkklasse gewählt.

In einem Netz der Klasse C können z. B. 254 verschiedene Rechner gekoppelt werden (Die Werte 0 und 255 für d sind verboten, sie werden für 'Broadcast'-Meldungen verwendet).

Die Netzwerkadresse 127.0.0.1 (kurz 127.1) bezeichnet jeweils den lokalen Rechner (loopback address). Sie dient der Konsistenz der Netzwerksoftware (-- > jeder Rechner über seine eigene Adresse ansprechbar) und dem Test. Böse Menschen locken mit dieser Adresse die Anfänger aufs Glatteis ("Tolle Sachen drauf, mußte mal ansehen!").

Damit man nun lokale Netze mit TCP/IP betreiben und auch mal einzelne Rechnerverbindungen testen kann, gibt es einen ausgesuchten Nummernkreis, der von keinem Router nach außen gegeben wird. Es gibt ein A-Netz, 16 B-Netze und 255 C-Netze:

10.0.0.0	- 10.255.255.255
172.16.0.0	- 172.31.255.255
192.168.0.0	- 192.168.255.255

Zusammenfassend läßt sich sagen: Jedes IP-Paket enthält also zwei Adressen in Form von 32-Bit-Worten: die Absender- und die Empfängeradresse. Wie oben erwähnt, wird eine Internet-Adresse meist in Form von vier, durch Punkte getrennte Bytes notiert. Ein Router muß, um ein Datenpaket zustellen zu können, nur den Netzwerkteil einer Adresse erkennen. Den Rechnerteil einer Adresse wertet erst das Zielnetzwerk aus. Höherliegende Protokolle und Dienste bieten dem IP-Benutzer Mechanismen, die Namen Internet-Adressen zuordnen und umgekehrt.

Weil das Internet-Protokoll normalerweise immer auf einem Trägernetzwerk aufsetzt, muß es noch eine andere Eigenschaft der darunterliegenden Netzwerkschicht verbergen: normalerweise existiert bei allen Netzwerken eine maximale Größe für ein Datenpaket. Im IP-Jargon nennt man diese Grenze die 'maximum transmisson unit', MTU. Natürlich ist diese Obergrenze je nach verwendeter Trägertechnik unterschiedlich. Die Internet-Schicht teilt IP-Pakete, die größer als die MTU des verwendeten Netzwerks sind, in kleinere Stücke, sogenannte Fragmente, auf. Der Zielrechner setzt diese Fragmente dann wieder zu vollständigen IP-Paketen zusammen, bevor er sie an die darüberliegenden Schichten weitergibt.

4.7.3 Transport Control Protocol

Welches darüberliegende Protokoll der Transportschicht das Datenpaket erhält, steht im 'Protokoll'-Feld eines jeden IP-Paketes. Jedes Protokoll der Transportschicht bekommt eine eindeutige Identifikationsnummer zugewiesen, anhand der der IP-Treiber entscheiden kann, wie weiter mit dem Paket zu verfahren ist. Eines der wichtigsten Protokolle der Transportschicht ist TCP.

Die Aufgabe von TCP ist es, die oben geschilderten Defizite von IP zu verbergen. Für den TCP-Benutzer soll es nicht mehr sichtbar sein, daß die darunterliegenden Protokollschichten Datenpakete versenden, sondern es soll der Benutzer mit einem Byte-Strom wie bei einer normalen Datei arbeiten können. TCP garantiert den korrekten Transport der Daten - jedes Paket kommt nur einmal, fehlerfrei und in der richtigen Reihenfolge an. Zusätzlich können bei TCP mehrere Programme die Verbindung zwischen zwei Rechnern quasi-gleichzeitig nutzen. Auf der IP-Ebene gibt es zwischen zwei Rechnern nur eine Verbindung zur selben Zeit. TCP teilt diese Verbindung in viele virtuelle Kanäle auf, die zeitmultiplex mit Daten versorgt werden.

Nur so ist es möglich, daß beispielsweise mehrere Benutzer eines Rechners zur selben Zeit das Netz in Anspruch nehmen können.

Im Gegensatz zu IP ist TCP auch verbindungsorientiert. Das muß so sein, denn TCP-Verbindungen sollen ja für den Benutzer wie Dateien zu handhaben sein. Das bedeutet, eine TCP-Verbindung wird wie eine Datei geöffnet und geschlossen, und man kann ihre Position innerhalb des Datenstroms bestimmen, genau wie man bei einer Datei die Position der Lese- oder Schreibposition angeben kann. TCP sendet die Daten auch in größeren Einheiten, um den Verwaltungsaufwand durch Header und Kontrollinformationen klein zu halten. Im Gegensatz zu den IP-'Paketen' bezeichnet man die Einheiten der Transportschicht als 'Segmente'. Jedes gesendete TCP-Segment hat eine eindeutige Folgenummer, die die Position seines ersten Bytes im Byte-Strom der Verbindung angibt. Anhand dieser Nummer kann die Reihenfolge der Segmente korrigiert und doppelt angekommene Segmente können aussortiert werden. Da die Länge des Segments aus dem IP-Header bekannt ist, können auch Lücken im Datenstrom entdeckt werden, und der Empfänger kann verlorengegangene Segmente neu anfordern.

Beim Öffnen einer TCP-Verbindung tauschen beide Kommunikationspartner Kontrollinformationen aus, die sicherstellen, daß der jeweilige Verbindungspartner existiert und Daten annehmen kann. Dazu schickt die Station A ein Segment mit der Aufforderung, die Folgenummern zu synchronisieren.

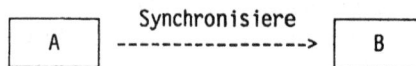

```
                   Synchronisiere
  ┌─────────┐  ─────────────────>  ┌─────────┐
  │    A    │                      │    B    │
  └─────────┘                      └─────────┘
```

Die Station B weiß jetzt, daß der Sender eine Verbindung öffnen möchte und an welcher Position im Datenstrom der Sender anfangen wird zu zählen. Sie bestätigt den Empfang der Nachricht und legt ihrerseits eine Folgenummer für Übertragungen in Gegenrichtung fest.

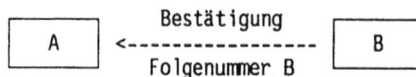

```
                    Bestätigung
  ┌─────────┐  <─────────────────  ┌─────────┐
  │    A    │                      │    B    │
  └─────────┘   Folgenummer B      └─────────┘
```

Station A bestätigt nun den Empfang der Folgenummer von B und beginnt dann mit der Übertragung von Daten.

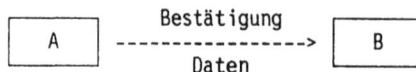

```
                    Bestätigung
  ┌─────────┐  ─────────────────>  ┌─────────┐
  │    A    │                      │    B    │
  └─────────┘       Daten          └─────────┘
```

Diese Art des Austausches von Kontrollinformationen, bei der jede Seite die Aktionen der Gegenseite bestätigen muß, ehe sie wirksam werden können, heißt 'Dreiwege-Handshake'. Auch beim Abbau einer Verbindung wird auf diese Weise sichergestellt, daß beide Seiten alle Daten korrekt und vollständig empfangen haben.

Damit diese ständige Bestätigung jedes Datensegments den Transport nicht über Gebühr hemmt, werden zwei Tricks verwendet. Zum einen kann die Empfangsbestätigung einem Segment in Gegenrichtung mitgegeben werden - das spart ein separates Quittungssegment. Zweitens muß nicht jedes Byte sofort bestätigt werden. Es gibt ein sogenanntes 'Fenster', beispielsweise von 100 Bytes, was bedeutet, daß 100 Bytes gleich gesendet werden können. Danach muß der Sender warten, bis er eine weitere Empfangsbestätigung mit einer neu festgelegten Fenstergröße erhält. Auf diese Weise kann der Empfänger den Datenfluß vom Sender nach Wunsch dosieren. Wenn der Empfänger dem Sender eine Fenstergröße von null Byte signalisiert, muß der Sender den Transfer unterbrechen, bis er eine zweite Bestätigung mit einer Fenstergröße ungleich null bekommt.

4.7.4 Ports für jeden Dienst

Auf einem Rechner können mehrere Prozesse gleichzeitig TCP-Verbindungen geöffnet haben. Die Portnummer in jedem TCP-Segment gibt an, welche virtuelle Verbindung zu welchem Prozeß gehört. So ist es möglich, Verbindungen für eine Vielzahl von Prozessen zu multiplexen. Es ist so nicht nur eine Übertragung von Daten in beide Richtungen gleichzeitig möglich, sondern man kann pro Richtung mehrere Verbindungen gleichzeitig unterhalten.

Damit die verschiedenen Schichten des Protokolls miteinander Daten austauschen können, müssen sich jeweils zwei aneinanderstoßende Schichten über ein gemeinsames Interface einig sein. Normalerweise sind diese Interfaces nicht interessant, weil sie für den Anwender unsichtbar sind. Das Interface der Internet-Schicht ist zum Beispiel nur für denjenigen interessant, der TCP oder ein vergleichbares Protokoll selbst implementieren möchte. Das Interface zwischen der Transportschicht und der Anwendungsschicht ist jedoch von besonderem Interesse, denn es stellt die Schnittstelle dar, mit der ein Programmierer umgehen muß, der in einer Anwendung von den Möglichkeiten von TCP/IP Gebrauch machen will.

Leider gibt es zwei verschiedene, inkompatible Programmierschnittstellen für TCP/IP. Die ältere der beiden ist als 'Berkeley Sockets' bekannt und in BSD-Unix zusammen mit der ersten Version von TCP/IP implementiert worden. Die zweite ist das 'Transport Level Interface', kurz TLI, von AT&T. Es stellt den Versuch dar, eine generelle, TCP/IP-unabhängige Programmierschnittstelle für Netzwerke zu schaffen. Die Namen und Parameter der TLI-Aufrufe orientieren sich dabei an der Begriffswelt der OSI. Die Grenze zwischen der Anwendungsschicht und der Transportschicht ist in den meisten Implementierungen zugleich die Grenze zwischen dem Betriebssystem und den Anwendungsprogrammen.

4.7.5 Dienste

Auf TCP/IP setzen viele verschiedene Dienste auf, von denen die meisten ein eigenes, anwendungsspezifisches Protokoll zwischen ihrem Server und den verschiedenen Client-Programmen verwenden. Der Unix-Tradition folgend kommunizieren viele dieser Anwendungen zwar in einem formalisierten Format miteinander, aber dieses Format ist meist so gehalten, daß ein Mensch es noch ohne besonderes Debugging-Werkzeug lesen und erzeugen kann.

Eines dieser Protokolle ist zum Beispiel das 'simple mail transport protocol', SMTP. Es dient der synchronen Auslieferung von Electronic-Mail im Internet und wird von einer ganzen Palette von Mailtransportprogrammen direkt verstanden. Ist eine Mail zu versenden, so baut der sendende Mail Transport Agent (MTA) eine TCP/IP-Verbindung direkt zum Zielrechner auf. Der physikalische Weg zu diesem Rechner muß nicht direkt vorhanden sein, aber das braucht den Absender nicht zu kümmern. Die Internet-Schicht des Netzes konstruiert einen Weg zum Zielrechner, wenn es einen gibt. Für den MTA sieht es so aus, als hätte er eine direkte, virtuelle Verbindung zum Zielrechner. Kommt eine Verbindung zustande, so meldet sich auf dem Zielrechner ein Hintergrundprozeß, der auf eingehende Nachrichten wartet.

Zwischen den beiden MTAs läuft dann ein SMTP-Dialog ab. Da der Dialog aber in reinem ASCII und sogar relativ gut lesbar ist, kann man ihn bei Kenntnis des SMTP-Protokolls auch als Mensch simulieren. Natürlich hat man das Protokoll nicht deshalb so gut lesbar gemacht, sondern beispielsweise für den reinen 7-Bit-ASCII-Transport oder die Fehlersuche. Im Beispiel unten sind die Eingaben von Hand **fett** gedruckt.

```
cublxl:~$ telnet lx-lbs.e-technik.fh-muenchen.de smtp
Trying 129.187.106.196...
Connected to lx-lbs.e-technik.fh-muenchen.de.
Escape character is '^]'.

220 lx-lbs.e-technik.fh-muenchen.de Smail3.1.28.1 #1 ready
helo www.fitug.de
250 lx-lbs.e-technik.fh-muenchen.de Hello www.fitug.de
mail from: plate@www.fitug.de
250 <plate@www.fitug.de> ... Sender Okay
rcpt to: plate@lx-lbs.e-technik.fh-muenchen.de
250 <plate@lx-lbs.e-technik.fh-muenchen.de> ... Recipient Okay
data
354 Enter mail, end with "." on al line by itself
Dies ist ein Test.
Die Nachricht ist nicht besonders lang
und auch nicht besonders aussagekräftig.
.
250 Mail accepted
quit
221 lx-lbs.e-technik.fh-muenchen.de closing connection
Connection closed by foreign host.
```

So wie SMTP der Mail-Zustellung dient, ermöglicht das NNTP-Protokoll die Verbreitung der Usenet-News und das FTP-Protokoll die Übertragung von Dateien. Telnet- und rlogin-Protokoll ermöglichen es, sich auf entfernten Rechnern einzuloggen und wieder andere Protokolle ermöglichen die Einrichtung von Namensverzeichnissen, usw. Die einzelnen Protokolle sind in den sogenannten 'Requests for Comments' (RFCs) genormt und offengelegt. Für einen TCP/IP-Benutzer, ja sogar für den Programmierer ist es egal, auf welche Weise der Zielrechner erreicht wird. Er hat eine einheitliche Sicht auf ein riesiges, weltweites, aus tausenden von Teilnetzen zusammengesetztes Netzwerk.

4.8 Der PPP-Zugang

Für die Verbindung des heimischen Rechners mit dem Netz der Netze wird normalerweise eine Modemverbindung verwendet. Das Internet-Protokoll (IP) für die Datenverbindung per Modem und Telefon wird in der Regel durch PPP (Point-to-Point Protcol). Deshalb soll zum Schluß ein kurzer Ausflug in die Welt der PCs mit Windows erfolgen (weil dies nun einmal die häufigsten Rechner sind) und der Einsatz von PPP beschrieben werden. Das verwendete Programm (Trumpet Winsocket) ist als Shareware überall erhältlich. Außer dem PC braucht man nur noch ein Modem.

4.8.1 PPP Verbindungen mit dem PC

Um über ein Modem Verbindung zur Außenwelt aufzunehmen, benutzt man im allgemeinen ein Terminalprogramm. Dieses arbeitet jedoch nicht auf der Basis von TCP/IP, da TCP/IP typischerweise von Rechnern benutzt wird, die über eine Hardware direkt in ein Netz eingebunden sind. Abhilfe schafft hier z. B. PPP (Point to Point Protocol). PPP erlaubt die Benutzung von TCP/IP auch über ein Modem. Das Point-to-Point-Protokoll ist ein standardisiertes Protokoll zur Übertragung von Daten auf seriellen Leitungen. Es besteht aus den Funktionsmodulen:

* Paketisierung von Datagrammen,
* LCP - Link Control Protocol,
* NCP - Network Control Protocol.

Wird ein Gerät über eine Wählmodemleitung mittels PPP an ein TCP/IP-LAN angeschlossen, so ist bis auf die geringere Geschwindigkeit kein Unterschied zu einem LAN-Anschluß erkennbar. Das Gerät verhält sich wie direkt am LAN angeschlossen und kann prinzipiell alle auf TCP/IP aufsetzenden Dienste nutzen. Dies wäre ohne PPP Protokoll nicht möglich. Wegen des limitierten Durchsatzes der Modems ist die Nutzung von File-Services, wie NFS oder IPX über IP-Tunneling nicht zu empfehlen (zu langsam oder nicht betreibbar). PPP mit nur 2400 bit/s ist ebenfalls nicht empfehlenswert. Die PPP-Funktionalität muß von der angewählten Gegenseite, dem Provider, zur Verfügung gestellt werden. Um PPP nutzen zu können, erhalten Sie vom Provider eine eigene IP-Adresse für Ihren PC. Diese wird entweder fest vergeben oder jedesmal beim Aufbau der PPP-Verbindung dynamisch zugewiesen.

Bei der Hardwareausstattung des PC sollten sie eine gepufferte serielle Schnittstelle im Rechner haben. Überprüfen Sie dies mit dem Programm MSD (Microsoft Diagnose). Unter 'COM Ports' sollte bei der seriellen Schnittstelle, an die das Modem angeschlossen ist, bei 'UART Chip Used' die Bezeichnung 16550 (Buchstaben können folgen) eingetragen sein. Steht dort 8250 oder 16450, so haben Sie einen ungepufferten Chip. Dieser ist für höhere Übertragungsgeschwindigkeiten nicht geeignet. Wenden Sie sich in diesem Fall an Ihren PC-Händler. Wenn Sie einen 16550-Chip im Rechner haben, benötigen Sie den folgenden Eintrag in der Sektion *[386Enh]* der Windowsdatei *'system.ini'*: *COMxFIFO = On* Dabei ist x = 1 für die serielle Schnittstelle COM1 und x = 2 für COM2.

Weiterhin brauchen Sie ein korrekt installiertes Modem - je schneller, desto besser. Bevor Sie sich an PPP wagen, muß das Modem einwandfrei mit einem normalen Terminalprogramm, z. B. dem Windows-Terminal, arbeiten. Schließlich benötigen Sie noch einen geeigneten PPP-Treiber, z. B. den Trumpet Winsocket, und eine Anwendungssoftware, die damit zusammenarbeitet (Telnet-Programm, FTP-Programm, WWW-Browser, etc.). Um eine Verbindung aufbauen zu können, muß schließlich noch die lokale PPP-Software mit der richtigen Modemanwahl konfiguriert werden. Als erste Schritte zur Inbetriebnahme wird vorgeschlagen:

- eigene IP-Adresse konfigurieren,
- IP-Adresse für den Default-Gateway (router) konfigurieren,
- IP-Adressen für Nameserver konfigurieren,
- gegebenenfalls weitere Einstellungen (Paketgröße, etc.)

Für einen ersten Test führen Sie alle Aufgaben manuell durch. Notieren Sie sich den Dialog für später, denn die PPP-Software erlaubt in der Regel nicht nur die Anwahl, sondern auch die Erstellung eines Skriptes für die Automatisierung der folgenden Schritte:

- Anwahl des Modemzugangs wie gewohnt,
- Einloggen wie gewohnt,
- PPP auf dem Hostrechner starten,
- PPP-Treiber auf Icongröße verkleinern.

Dann sollte eine PPP-Verbindung zustande kommen und die PPP-Adresse anzeigen. Jetzt kann man ein 'ping' auf die Host-Seite machen. Das 'Ping'-Kommando schickt ein Datenpaket an eine entfernten Rechner und zeigt an, ob eine Empfangsbestätigung kommt oder nicht. So kann man die Netzverbindung grundsätzlich testen. Nun kann diese PPP-Verbindung fast wie ein normaler Ethernetzugang genutzt werden. Als Mailadresse sollte eine bei einem Host, der ständig erreichbar ist (Unix-Host), verwendet werden. Darauf kann dann über POP/IMAP zugegriffen werden. Klappt alles, sollte der Ablauf des Anwählens auch automatisiert werden. Im wesentlichen sind folgende Punkte auszuführen:

- Reset des Modems,
- Warten auf 'OK', dann Anwahl des Modemzugangs,
- Warten auf Login-Meldung, dann Angabe der Benutzerkennung,
- Warten auf 'Password'-Meldung, dann Angabe des Passworts,
- Starten des PPP-Programms auf dem Host.

4.8.2 PPP unter Windows

Alle benötigten Treiber und Programme gibt es als Shareware. Für eine Internetanbindung des PCs über Wählleitungen benötigen Sie den Trumpet Winsocket (Dateiname 'twsk????.zip' - je nach aktueller Version). Um TCP/IP unter MS-Windows 3.1x benutzen zu können, benötigen Sie sogenannte Winsocket-Treiber, unabhängig davon, ob Ihr Rechner mit PPP arbeitet oder direkt am Netz hängt. Für direkten Netzanschluß empfiehlt sich die TCP/IP-Erweiterung für Windows 3.11 (WfW). Dann brauchen Sie noch diverse TCP/IP-Clients für MS-Windows, unter anderem Telnet und ein einfaches FTP (z. B. ws_ftp.zip). Netscape für WWW und Eudora oder Pegasus Mail (winpm???.zip) sind für die E-Mail wichtig. Zur Installation gehen Sie folgendermaßen vor:

Die Dateien mit Trumpet Winsocket und den Tools in ein geeignetes Verzeichnis entpacken (in den folgenden Beispielen nehme ich dafür 'C:\INET', in dem auch alle Konfigurationsdateien liegen sollen). Wenn Sie ein Entpackprogramm benutzen, achten Sie darauf, die Dateien mit ihren Pfaden zu entpacken (bei pkunzip z. B. die Option '-d' angeben).

Nun Windows starten und eine neue Programmgruppe anlegen, als Beschreibung geben Sie "PPP" oder "Internet" an, die Zeile für die Gruppendatei bleibt leer. Danach legen Sie die Icons für die TCP/IP-Programme in dieser Gruppe an.

Nun können Sie TCPMAN starten. Es erscheint automatisch beim ersten Start die Dialogbox 'Network Configuration'. Falls nicht, rufen Sie im Menü 'File' von TCPMAN den Punkt 'Setup' auf. Machen Sie hier folgende Einträge (bzw. kontrollieren Sie die vorhandenen Einträge):

- IP address: Je nach Provider leer lassen (bzw. 0.0.0.0 stehen lassen) oder die vorgegebene IP-Adresse eingeben.
- Netmask: 255.255.255.0, bzw. kann nicht eingetragen werden
- Default Gateway: bleibt leer, bzw. kann nicht eingetragen werden
- Name Server: < Nameserver-IP-Adresse des Providers >
- Time Server: bleibt leer
- Domain Suffix: < Domain des Providers >
- Packet vector: stehen lassen, da nicht nötig
- MTU: 1006   \
- TCP RWIN: 2898   > bzw. nach Providervorgabe
- TCP MSS: 966   /
- Demand load timeout (secs): 5
- TCP RTO MAX: 60
- Internal PPP: anklicken
- SLIP Port: Schnittstelle COMx, an der das Modem hängt.
- Baud Rate: Immer größer als die maximale Modem-Übertragungsrate wählen.
- Hardware handshaking: aktivieren
- Van Jacobson CSLIP compression: nach Providervorgabe

- Online Status Detection: None oder DCD (Provider)

Sie können nun mit dem Notepad-Editor die Datei 'login.cmd' bearbeiten. Die Änderungen hängen auch von der Loginsequenz des Providers ab, aber meistens genügt die Änderung folgender Angaben:

```
$prompt = "$"                    # Eingabeprompt
$userprompt = "ogin:"            # Login-Aufforderung
$pppcmd = "startppp"             # Starten des PPP
```

"startppp" steht stellvertretend für das Kommando zum Starten des PPP auf dem Rechner des Providers. Mit # am Anfang wird die Zeile *input %prompttimeout $pppready* unwirksam gemacht. Wenn Ihre Telephonanlage nicht mit dem Tonwahlverfahren sondern mit dem Pulswahlverfahren arbeitet, ändern Sie in der Wahl-Zeile den Modembefehl 'atdt' in 'atdp' (*output "atdp"$number\13*).

In der Zeile '*$modemsetup="&c1&k3"*' steht der Modem-Initialisierungsstring. Diesen müssen Sie eventuell an Ihr Modem anpassen (siehe Modem-Handbuch). Dies ist jedoch nur selten nötig. Im Zweifelsfalle können Sie es mit "z" oder "z0" versuchen, was die Modem-Grundeinstellung aufruft. Eventunell "&f0", das stellt das Modem auf Werkeinstellung zurück. Übrigens: Alle Einstellungen von Trumpet verbergen sich in der datei 'trumpwsk.ini'. Um die Änderungen wirksam werden zu lassen sollten Sie Windows beenden.

Nun Windows wieder starten, TCPMAN aufrufen und den Wählvorgang auslösen (TCPMAN -> Dialler -> Login). Sie werden nach der Telephonnummer, Ihrem Login-Namen und Ihrem Paßwort gefragt. Die Beantwortung ist nur ein einziges Mal nötig, denn die Daten werden in 'trumpwsk.ini' gespeichert (Wenn Sie Ihr Passwort ändern, müssen Sie in dieser Datei die entsprechende Zeile löschen, um nach dem neuen Passwort gefragt zu werden).

Kommt die Verbindung zustande, verschwindet nach einiger Zeit das Fenster 'Trumpet Winsock Dialler Status'. Wenn Sie Probleme mit dem automatischen Login haben, versuchen Sie es manuell (Dialler -> Manual Login). Und verfolgen Sie den Anwahlvorgang, um zu sehen wo der Fehler auftritt. Es erscheinen dann wirre Zeichen. Warten Sie etwas (ca. zwei Zeilen) und drücken Sie dann die ESC-Taste. Die PPP-Verbindung sollte jetzt stehen. Beenden Sie TCPMAN nicht, sondern verkleinern Sie ihn nur auf Icongrösse.

Testen Sie die TCP/IP-Verbindung auf Funktionsfähigkeit, indem Sie den TCP/IP-Client 'trumping' starten und geben Sie als Host den Nameserver des Providers an. das Ping-Programm 'trumping' testet, ob Verbindung zu einem Zielrechner besteht. Die Antwortzeit in Millisekunden (ms) wird ausgegeben. Ist dieser Test erfolgreich, können Sie nun andere TCP/IP-Clients benutzen. Die Modemsitzung beenden Sie mit (TCPMAN -> Dialler -> Bye).

Anhang

A.1 WWW-Einstiegspunkte und -Suchwerkzeuge

http://www.th-darmstadt.de/hrz/netz/archie/	Archie-Dateisuche
http://web.de	Das deutsche Internet-Verzeichnis
http://www.leo.org	Link Everything Online
http://www.wiso.gwdg.de/ifbg/go.htm	DINO - Deutscher INternet Organisator
http://germany.web.aol.com/katalog/index.html	AOLs deutschsprachige Webseiten
http://www1.tu-chemnitz.de/~fri/cusi/cusi.html	CUSI - Configurable Unified Search Interface
http://www.bellnet.com/deutsch.htm	Deutscher Index von Bellnet
http://galaxy.einet.net/	Galaxy - Schlagwort-Katalog nach Rubriken
http://nearnet.gnn.com/	Global Network Navigator
http://www.nova.edu/Inter-Links/	Inter-Links Internet Access
http://lycos.cs.cmu.edu/	Lycos - Catalog
http://home.mcom.com/home/internet-search.html	Netscape-Internet-Search
http://www.germany.eu.net/meta-index.html	W3 Search Engines Search Interface
http://www.wais.com	WAIS-Suche
http://webcrawler.com/	WebCrawler
http://www.yahoo.com/	Yahoo Search
http://www.altavista.digital.com	Alta Vista von DEC
http://inktomi.berkeley.edu/	Inktomi der Berkeley-# Universität
http://www.rrzn.uni-hannover.de/such-prov.html	Suche nach Providern

A.2 Internet-Historie und -Statistik

Für diejenigen, die gerne etwas mehr über die Geschichte des Internet und seine derzeitige Größe wissen wollen, folgen hier ein paar Stichpunkte. Die Daten hierzu stammen teilweise aus *Hobbes' Internet Timeline* von Robert H Zakon (hobbes@hobbes.mitre.org).

1965   ARPA initiiert eine Studie über Computernetze

1967   Auf dem ACM-Symposium on Operating Principles wird ein Entwurf für ein paketorientiertes Netz vorgetragen. Das erste Entwurfspapier zum ARPANET wird von Lawrence G. Roberts publiziert.

1968   PS-Netz der Advanced Research Projects Agency (ARPA) wird vorgestellt.

1969   Das amerikanische Verteidigungsministerium (DoD) beteiligt sich an der Forschung zum ARPANET. die ersten vernetzten Rechner sind UCLA (Network Measurements Center), Stanford Research Institute (SRI), UCSB und University of Utah. Es erschien auch der erste Request for Comment (RFC): "Host Software" by Steve Crocker

1970   ALOHAnet, ein Funknetz der University of Hawaii, wird entwickelt. Die ARPANET-Rechner verwenden das 'Network Control Protocol' (NCP).

1971   15 Knoten (23 Rechner) bilden das Weitverkehrsnetz: UCLA, SRI, UCSB, U of Utah, BBN, MIT, RAND, SDC, Harvard, Lincoln Lab, Stanford, UIU(C), CWRU, CMU, NASA/Ames

1972   International Conference on Computer Communications mit Demonstration des ARPANET zwischen 40 Computern und dem Terminal Interface Processor (TIP) von Bob Kahn. Ray Tomlinson entwickelt ein E-Mail-Program. Das Telnet-Protokoll wird spezifiziert (RFC 318)

1973   Erste internationale ARPANET-Verbindung: University College of London (England) and Royal Radar Establishment (Norway). Bob Metcalfe entwirft die Ethernet-Grundlagen. FTP wird spezifiziert (RFC 454)

1974   Vint Cerf und Bob Kahn publizieren "A Protocol for Packet Network Internetworking", die Basis von Transmission Control Program (TCP).

1975   Management des damaligen 'Internet' geht an die DCA (heute DISA). E-Mail etabliert sich.

1976   Königin Elizabeth von England verschickt ihre erste E-Mail. UUCP (Unix-to-Unix CoPy) wird bei AT&T Bell Labs entwickelt und ab 1977 mit UNIX ausgeliefert.

1977   Das THEORYNET der University of Wisconsin erlaubt dem E-Mail-Transfer zwischen 100 Wissenschaftlern per UUCP. E-Mail wird spezifiziert (RFC 733)

1979   Großes Treffen von DARPA, NSF und zahlreichen Vertretern der amerikanischen Universitäten. Es wird beschlossen, ein Forschungsnetz aufzubauen. USENET (Transport von News) wird über UUCP etabliert (es gibt nur die *net.*-Hierarchie). ARPA etabliert das 'Internet Configuration Control Board' (ICCB). Erste Versuche mit einem Funknetz über Packet Radio.

1981   BITNET, das 'Because It's Time NETwork' der Uni von New York beginnt mit einer Verbindung nach Yale (E-Mail und FTP). Das CSNET (Computer Science NETwork) wird eingerichtet.

1982   DCA und ARPA etablieren das Transmission Control Protocol (TCP) und Internet Protocol (IP) für das ARPANET. Erste Definition des Wortes 'internet' als Verbindung mehrerer Netze. TCP/IP wird vom DoD als Standard übernommen. EUnet (European UNIX Network) wird von der EUUG eingerichtet (Mail und News). Verbindungen zwischen Niederlanden, Dänemark, Schweden und England. Spezifikation des 'External Gateway Protocol' (RFC 827.

1983   Der Name Server wird an der Uni von Wisconsin entwickelt. Übergang von NCP zu TCP/IP (1. Januar). Gateway zwischen CSNET und ARPANET. Das ARPANETwird gespalten in ARPANET (Hochschulen) und MILNET (Militär). Berkley UNIX wird mit TCP/IP ausgerüstet. EARN (European Academic and Research Network) wird eingerichtet. Tom Jennings entwickelt das Fido-Netz.

1984   Domain Name Server (DNS) wird eingeführt; die Zahl der Rechner im Netz durchbricht die 1000er-Marke. JUNET (Japan Unix Network) mut UUCP entsteht, ebenso das JANET (Joint Academic Network) in England.

1985   Das 'Whole Earth Lectronic Link' (WELL), die 'Großmutter aller Mailboxen' entsteht.

1986   Das NSFNET entstet (Verbindung von fünf Rechenzentren über 56 Kilobit/s). Das Network News Transfer Protocol (NNTP) verbessert den News-Transfer über TCP/IP. Mail Exchanger- (MX)-records erlauben Domainadressierung bei E-Mail. Umstellung der News-Hierarchien.

1987   NSF koperiert mit Merit Network, IBM, und MCI. UUNET wird als kommerzieller Netzzugang gegründet (UUCP-Transfer). Der 1000. RFC erscheint: 'Request For Comments reference guide'. Mehr als 10000 Rechner im Netz. CREN entsteht aus der Fusion von BITNET und CSNET.

1988   1 November - Der 'Internet worm' infiziert ca. 6000 der 60000 Internet-Rechner und blokiert die Datenleitungen. Gründung des CERT (Computer Emergency Response Team). Das DoD will zu OSI-Protokollen wechseln und erklärt TCP/IP zur Übergangslösung. Kanada, Dänemark, Finnland, Frankreich, Island, Norwegen und Schweden schließen sich ans NFSNET an.

1989   Die Zahl der Rechner im Netz durchbricht die 100000er-Marke. Mail-Gateway zwischen Internet und komerziellen Netzen (MCI, CompuServe). Gründung der 'Internet Engineering Task Force' (IETF) und der 'Internet Research Task Force' (IRTF). Australien, Deutschland, Israel, Italien, Japan, Mexico, Niederlande, Neuseeland, Puerto Rico und England schließen sich dem NSFNET an.

1990   ARPANET hört auf zu existieren. Gründung der 'Electronic Frontier Foundation' durch Mitch Kapor. Archie wird von Peter Deutsch, Alan Emtage und Bill Heelan entwickelt. Argentinien, Österreich, Belgien, Brasilien, Chile, Griechenland, Indien, Irland, Südkorea, Spanien und die Schweiz kommen zum NSFNET hinzu.

1991   Commercial Internet eXchange (CIX) Association, Inc. wird gegründet. Wide Area Information Servers (WAIS) wird von Brewster Kahle entwicklet. Der Gopher-Dienst wird von Paul Lindner und Mark P. McCahill vorgestellt. Der NSFNET-Backbone schafft nun 44.736 Megabit/s. Weitere Länder schließen sich an: Kroatien, Tschechische Repulik, Hong Kong, Ungarn, Polen, Portugal, Singapur, Südafrika, Taiwan und Tunesien.

1992   Die Internet Society (ISOC) wird gegründet. Das World-Wide Web wird von Tim Berners-Lee bei CERN entwickelt. Die Zahl der Rechner überschreitet die Million. Weitere Länder im NSFNET: Kamerun, Cypern, Ecuador, Estland, Kuwait, Lettland, Luxemburg, Malaysia, Slovakische Republik, Slovenien, Thailand und Venezuela.

1993   Der InterNIC-Dienst zur Vergabe von IP-Nummern und Domainnamen wird etabliert. Das Weiße Haus in den USA geht ans Netz, ebenso die UNO. Die Medien nehmen Notiz vom Netz. Weitere Länder im NSFNET: Bulgarien, Costa Rica, Ägypten, Fiji-Inseln, Ghana, Guam, Indonesien, Kasakstan, Kenia, Liechtenstein, Peru, Rumänien, Rußland, Türkei, Ukraine.

1994   Internet feiert 25. Geburtstag. Das National Institute for Standards and Technology (NIST) schlägt vor, TCP/IP parallel zu OSI zuzulassen. Die Anwälte Canter & Siegel starten eine massive Werbeaktion in den News. Das Netz schlägt zurück. 'WWW-Worms' (WWWW), 'Spiders', 'Wanderers', 'Crawlers' und 'Snakes' sammeln Informationen im Netz. WWW wird der meistbenutzte Dienst im Internet. Die 'first cyberbank' nimmt Ihre Geschäfte auf.Das 'The European Research and Education Network Association' (TERENA) wird als Zusammenschluß von RARE und EARN gebildet. Weitere Staaten: Algerien Armenien, Bermudas, Burkina Faso, China, Kolumbien, French Polynesia, Jamaica, Libanon, Litauen, Macao, Morokko, New Caledonia, Nicaragua, Niger, Panama, Philippinen, Senegal, Sri Lanka, Swaziland, Uruguay und Usbekistan.

1995   Der NSFNET-Backbone soll durch ein Netz verschiedener Anbieter ersetzt werden.

Internet-Wachstum:

Date	Hosts		Date	Hosts	Networks	Domains
1969	4		07/89	130,000	650	3,900
04/71	23		10/89	159,000	837	
06/74	62		10/90	313,000	2,063	9,300
03/77	111		01/91	376,000	2,338	
08/81	213		07/91	535,000	3,086	16,000
05/82	235		10/91	617,000	3,556	18,000
08/83	562		01/92	727,000	4,526	
10/84	1,024		04/92	890,000	5,291	20,000
10/85	1,961		07/92	992,000	6,569	16,300
02/86	2,308		10/92	1,136,000	7,505	18,100
11/86	5,089		01/93	1,313,000	8,258	21,000
Date	Hosts		Date	Hosts	Networks	Domains

		+				
12/87	28,174	!	04/93	1,486,000	9,722	22,000
07/88	33,000	!	07/93	1,776,000	13,767	26,000
10/88	56,000	!	10/93	2,056,000	16,533	28,000
01/89	80,000	!	01/94	2,217,000	20,539	30,000
		!	07/94	3,212,000	25,210	46,000
		!	10/94	3,864,000	37,022	56,000
		!	01/95	4,852,000	39,410	71,000

Worldwide network growth:

	# Countries							# Countries				
Date	I	B	U	F	O	Date	I	B	U	F	O
09/91	31	47	79	49		04/93	56	51	107	79	31
12/91	33	46	78	53		08/93	59	51	117	84	31
02/92	38	46	92	63		02/94	62	51	125	88	31
04/92	40	47	90	66	25	07/94	75	52	129	89	31
08/92	49	46	89	67	26	11/94	81	51	133	95	--
01/93	50	50	101	72	31						

I=Internet, B=BITNET, U=UUCP, F=FIDONET, O=OSI;   Stand Anfang 1996

Internet Domain Survey   **Network Wizards**   **January 1996**

The Domain Survey attempts to discover every host on the Internet by doing a complete search of the Domain Name System. The latest results gathered during late January 1996 are listed. For more information see RFC 1296; for more data see the zone directory on ftp.nw.com, or http://nw.com.

--

Mark Lottor

Number of Hosts, Domains, and Nets Advertised in the Domain Name System:

			Replied	Network Class		
Date	Hosts	Domains	ToPing*	A	B	C
Jan 96	9,472,000	240,000	1,682,000	92	5655	87924
Jul 95	6,642,000	120,000	1,149,000	91	5390	56057
Jan 95	4,852,000	71,000	970,000	91	4979	34340

Host Distribution by Top-Level Domain Name

2430954	com	24945	pl	1631	lv	93	zw	19	jo
1793491	edu	22769	sg	1557	int	90	sm	17	pk
758597	net	20113	br	1495	cr	88	lb	17	ke
452997	**de**	17693	hk	1233	kw	88	gl	16	dz
451750	uk	16786	cz	1165	ve	82	tn	14	sn
372891	ca	15036	ie	1013	bg	77	am	11	na
312330	gov	14320	ru	954	ro	68	mt	10	md
309562	au	13787	mx	813	pe	66	bo	10	ad
269327	jp	11486	hu	788	in	65	mo	9	sb
265327	org	11481	su	630	lt	60	ge	7	aq
258791	mil	9359	pt	626	uy	58	ug	6	lk
233912	us	9027	cl	608	bm	56	mc	6	gh
208502	fi	8787	gr	591	eg	55	tt	3	ci
174888	nl	8719	is	533	fo	55	gu	2	va

149877	se	5870	si	504	ec	52	fj	2	gn
137217	fr	5345	tr	384	cy	44	li	2	bb
88356	no	5312	ar	365	ae	42	ky	1	to
85844	ch	4194	my	276	bs	39	mk	1	sz
73364	it	4129	ee	271	ir	37	gb	1	nc
53707	es	4055	th	234	ma	36	al	1	et
53610	nz	2913	sk	187	kz	35	uz	1	cu
52728	at	2351	id	164	jm	27	sa	1	ck
51827	dk	2318	ua	160	ag	27	gt	1	bz
48277	za	2262	co	156	bn	26	gi	1	az
30535	be	2230	hr	148	pa	23	sv		
29503	il	2146	cn	142	bh	23	by		
29306	kr	1771	ph	141	ni	23	ai		
25273	tw	1756	lu	139	do	19	np		

A.3 Glossar zu Netzen und DFÜ

Dieses Glossar faßt wichtige Begriffe der DFÜ und der weltweiten Netze nochmals zusammen.

Abkürzungen - in Chat und Mail:

AFK	Away From Keyboard	Bin eben weg von der Tastatur.
B4	before	vorher
BBL	Be Back Later	Bin nachher wieder da.
BOT	Back On Topic	Zurück zum Thema.
BRB	Be Right Back	Komme gleich wieder.
BTW	By The Way	Ach, übrigens ...
CU	See you	Bis dann. Auf Wiedersehen.
CUL8R	See You Later	Bis später dann.
GFC	Going For Coffee	Bin Kaffee holen ...
GRMBL	grumble	Ausdruck der Verärgerung
HI	Hi!	Hallo!
IMHO	In My Humble Opinion	Meiner bescheidenen Meinung nach
MOMPLS	Moment Please	Moment bitte
REHI		Hallo, da bin ich (bist Du) wieder!
ROTFL	Rolling On The Floor Laughing	Sich vor Lachen auf dem Boden wälzen
RTFM	Read The Fucking Manual!	Lies gefälligst das verdammte Handbuch!
TNX	thanks	Danke

Glossar

Account	englisch für Benutzerkennung
ACK	"ACKnowledge", Steuerzeichen zum Anfordern neuer Eingaben (Softwarehandshake), wird als Antwort auf ETX ge-

sendet, wenn die Eingabe abgearbeitet wurde. Oft allgemeine Bezeichnung für eine positive Bestätigung von irgendetwas.

Alias 1. Eine andere E-Mail Adresse für einen Benutzer. Aliase werden in Tabellen eingetragen, der Mailagent (z.B. smail) kann sich dann die echte Adresse besorgen und die Nachricht zustellen.

2. Eine smail-Konfigurationsdatei. Hierüber sind ebenfalls Mailinglists möglich.

ANSI American National Standards Institute, Amerikanisches Normungsinstitut, ähnlich dem DIN-Institut. Normt alles, von der Programmiersprache bis zum Fahrradhelm. Oft auch als Kurzform von "ANSI-Terminalemulation" verwendet.

Archie Ein Archie ist ein Internetserver, der eine Datenbank von verfügbaren Dateien auf ftp-Servern im Internet bereithält.

ASCII American Standard Code for Information Interchange, amerikanischer Zeichencode zum Informationsaustausch. Der meistverwendete Code in der Datenkommunikation. ASCII ist ein 7-Bit-Code. Da heutzutage die Parität bei Datenübertragungen nur noch selten benutzt wird, bleibt das achte Bit "frei". Deshalb wird der Code häufig um landesspezifische Umlaute erweitert.

asynchron Verbindung ohne Übertragung eines Datentaktes. Anfang und Ende eines Datenworts müssen durch Start- und Stoppbits markiert werden. Manchmal auch anisochron genannt. Das Gegenteil ist eine synchrone Verbindung.

AT-Befehlssatz Kommandosprache zur Modemansteuerung, s.Hayes-Befehlssatz.

Backbone Der Backbone (engl. für Rückgrat) ist die 'Hauptstraße' eines Netzwerks. So verbindet der Backbone eines ISPS die PoPs untereinander. Stern- und ringförmige Backbones tauchen sehr häufig auf, mit zunehmender Größe eines Netzes und höheren Anforderungen nimmt jedoch die Wahrscheinlichkeit einer relativ 'wilden' Topologie zu. Die Backbones der deutschen ISPS haben im allgemeinen eine Bandbreite von windesteas 2 MBit/s, während der wichtigste US-Backbone mit 43 MBit/s arbeitet und 48 US-Staaten anbindet.

Bandbreite Ein Kommunikationskanal hat eine bestimmte Bandbreite, das heißt, es kann nur eine begrenzte Menge von Daten pro Zeiteinheit und auch absolut übertragen werden. Datenmengen, die über dieses Limit hinausgehen, verkraftet ein Kanal nicht. Kommunikation wird dann nur noch schwer möglich oder bricht völlig zusammen. Beim Telefon ist die Bandbreite ca. 3000 Hz, da der übermittelte Frequenzumfang von ca. 300 bis ca. 3500 Hz reicht. Es bleiben also

	gut 3000 Hz Bandbreite übrig, über die beliebige Information übertragen werden kann.
Baudrate	gibt die Anzahl der Zustandswechsel des übertragenen Signals pro Sekunde an. Die Baudrate (auch Schrittgeschwindigkeit) wird in der Einheit Baud gemessen. Multipliziert man die Anzahl der Bits pro Zustand mit der Baudrate, so erhält man die Bitrate. Nur wenn die Anzahl der Zustände genau zwei ist (d.h. mit einem Zustand genau ein Bit codiert wird) ist die Baudrate gleich der Bitrate. Bei V.22bis wird bei einer Baudrate von 600 Baud mit jedem der sechzehn Zustände ein Quadbit (4 Bit gleichzeitig) codiert. Ingesamt werden 4*600 = 2400 Bit/s übertragen. Die Bitrate ist also 2400bit/s.
BBS	Bulletin Board System. Der amerikanische Begriff für das, was im Deutschen fälschlicherweise Mailbox genannt wird. Ein BBS besteht aus den Mailboxes der Benutzer (deren Postfächer) und den Bulletin Boards, den Brettern.
BIND	Berkeley Internet Name Domain. Ein Domain Name Service (DNS).
Bitrate	Anzahl der übertragenen Bits pro Sekunde (Übertragungsgeschwindigkeit). Gemessen wird in bit/s oder bps. Die Bitrate ist nur in Sonderfällen mit der Baudrate identisch! Sie ergibt sich aus der Baudrate multipliziert mit der Anzahl der möglichen Zustände.
Browser	Betrachterprogramm für WWW.
CCITT	Comité Consultatif International Télephonique et Télegraphique, ein Internationales Gremium für Normen zu Telefon und Telegraphie, an dem Vertreter von Post, Industrie und Wissenschaft aus 159 Ländern teilnehmen. Normen zur Datenübertragung sind beispielsweise die über Telefon (V-Normen), über Datennetze (X-Normen) und über ISDN (I-Normen), heute ITU-T.
CfV	Call for Votes. Wahlaufruf im Usenet.
chat	"plaudern, schwatzen, sich unterhalten". Chat-Dienste gibt es reichlich im Internet - chat, talk, IRC. Man kann sich lokal oder international online mit anderen Teilnehmern unterhalten.
client-server	Modernes Paradigma aus dem Bereich der Datennetze und des Software Engineering. In einem Netz werden Aufgaben delegiert, einige Rechner oder Programme (server) bieten Dienstleistung an (Plattenplatz, Druckkapazität, Datenübertragung, Kommunikation,...), andere können diese Dienstleistung anfordern (client).
CompuServe	Kommerzielles Mailboxsystem mit den Diensten E-Mail, Diskussionsforen und Dateiübertragung. Es handelt sich um das größte abgeschlossene und eigenständige kommerzielle

	Computernetz der Welt. Es existiert ein Gateway zwischen dem Internet und CompuServe. CompuServe-Dienste kosten eine Grundgebühr plus der jeweiligen Kosten für einen Dienst (nach Preisliste). CompuServe betreibt auch einen Zugang per Telnet: compuserve.com, der auch das Gateway stellt.
CRC	Cyclic Redundancy Check, Prüfsumme, in Übertragungsprotokollen verwendet.
daemon	Unter Unix heißen einige Prozesse daemon-Prozesse. Das sind Programme, die keinem Terminal zugeordnet sind, also von selbst laufen. Sie arbeiten im Hintergrund und sind ständig aktiv. Ein daemon kann beispielsweise eine Schnittstelle überwachen. Sobald von dort Daten kommen, werden diese verarbeitet.
datagram	Datenpaket. Im Gegensatz zum Datenstrom kommt ein Paket ohne vorherige Ankündigung an. In IP werden Datagramme benutzt.
Datenautobahn	Schlechte Übersetzung des amerikanischen "super data highway". Bezeichnet ein schnelles Datennetz aus Standleitungen, das multimediale Übertragungen mit extrem hohem Datenaufkommen ermöglicht. Eine bessere Übersetzung ist "Infobahn". "super data highways" werden erst noch gebaut; das Internet selbst ist (nach CNN) "more a dusty Wild West trail than a super data highway".
Datex	Deutsches Datennetz. Die Variante Datex-L ist leitungsvermittelt, während Datex-P paketvermittelt ist. Heute wird fast nur noch Datex-P verwendet. Er basiert auf der X.25-Norm des CCITT.
DDN	Defense Data Network. Ein Teil des Internets für nicht-sensible militärische Verbindungen. Unter DDN werden die NICs betrieben, die das Internet als Ganzes koordinieren. Diese Aufgabe wird inzwischen vom InterNIC übernommen.
DE-CIX	Das Deutsche 'Commercial Internet Erchange' ist eine Vereinbarung zwischen den ISP EUnet, NTG/Xlink und MAZ hinsichtlich der kommerziellen Nutzung des Internet. Sie umfaßt den Betrieb eines gemeinsamen Knotenpunkts dieser drei Netze in Frankfurt, der das Routing von Daten zwischen deutschen Internet-Teilnehmern vereinfachen und beschleunigen soll.Weitere Provider sollen willkommen sein.
DE-NIC	Das 'Deutsche Network Information Center' mit Sitz in Karlsruhe ist für die Vergabe von Domains und IP-Nummern in der Top-Level-Domain 'de' zuständig. DE-NIC verwaltet zusätzlich den primären Namenssever der Domain 'de', der die Namen und IP-Nummern aller im deutschen Internet angeschlossenen Computer dokumentiert. DE-NIC

administriert das Internet in Zusammenarbeit mit internationalen Gremien sowie dem IV-DENIC.

Download
Das "Herunterladen" einer Datei vom fernen Rechner auf den eigenen mit Hilfe eines Übertragungsprotokolles. Der umgekehrte Vorgang heißt Upload.

DNS
1. 'Domain Name Service'. Methode, Nachrichten mit Hilfe von domain-Bezeichnungen (Rechnernamen) an die richtigen IP-Adressen ausliefern zu können.
2. Der 'Domain Name Server' setzt die Klartextnamen von Computern in IP-Adressen um und umgekehrt. Domains sind Namensbereiche wie z. B. 'e-technik.fh-muenchen.de'.

EBCDIC
Extended binary coded decimal interchange code. Neben ASCII ein anderer, heute weniger verbreiteter Codierungsstandard für Zeichen (z.B. Siemens, IBM).

EIA
Electronic Industries Association. Amerikanische Vereinigung der Elektronikindustrie, die u.A. auch Standards für Datenkommunikation herausgibt (z.B. RS-232-C).

Emulation
Nachvollziehen der Funktionalität eines anderen Gerätes auf einem Rechner. Beispiel Terminalemulation.

Ethernet
spezielle Form einer Netzverbindung, bei der die einzelnen Stationen durch einen 1-Leiter-Bus verbunden sind. Früher wurden zur Verbindung ausschließlich Koaxialkabel verwendet, inzwischen auch verdrillte Zweidrahtleiter (twisted pair).

FAQ
Frequently Asked Questions. Zusammenfassungen der wichtigsten und elementaren Zusammenhänge zu einem Thema. FAQs werden häufig freiwillig und von Privatpersonen geschrieben, manchmal auch von Firmen zu ihren Produkten. Werden im Usenet in der Newsgroup news.answers (und ähnlichen) zu verschiedenen Themen regelmäßig veröffentlicht.

flame
Rüde Bemerkung oder Beschimpfung in news oder E-Mail.

followup
Öffentlich lesbare Antwort auf einen Artikel in einer newsgroup.

ftp
file transfer protocol

Gateway
Übermittlungsstelle als Grenzübergang zwischen zwei verschiedenen Netzen, Diensten oder Rechnern. Die Daten müssen beim Überschreiten der Grenze eventuell im Format geändert, ergänzt oder reduziert werden. Gateways zwischen zwei Diensten oder Netzen stellen immer nur eine Näherungslösung dar, da sich beim Grenzübergang auch meistens die Funktionalität ändert und somit eventuell einige Eigenschaften wegfallen oder hinzukommen. Zum Beispiel gibt es ein Gateway zwischen dem Internet und CompuServe. Aber auch ein Rechner, über den eine E-Mail zwischen zwei an-

deren Rechnern im selben Netz läuft, kann als Gateway bezeichnet werden.

Handshake — Synchronisationsverfahren bei der Datenübertragung. Im Gegensatz zum Polling sind Sender und Empfänger gleichberechtigt. Der Sender signalisiert, wenn er neue Daten senden möchte oder kann und der Empfänger, wenn er neue verarbeiten kann bzw. möchte. Erst wenn beide sich auf eine Übertragung geeinigt haben, kann diese beginnen. Je nachdem, ob das über Leitungen oder Steuerzeichen signalisiert wird, spricht man von Hardware- oder Software-Handshake. Hardware-H. ist schneller als Software-H., da dafür keine Zeichen übertragen werden müssen.

Hardware-Handshake: Handshake über Signalleitungen. Üblicherweise wird bei V.24 mit CTS/RTS signalisiert. In Sonderfällen manchmal auch noch mit DTR/DSR.

Software-Handshake: Handshake durch festgelegte Steuerzeichen. Für Binärübertragungen ohne Übertragungsprotokoll nicht geeignet, da die Daten auch die reservierten Handshake-Zeichen enthalten können. Die üblichsten Zeichen sind XON/XOFF, manchmal wird aber auch ETX/ACK benutzt.

Hayes-Befehle — Kommandosprache zur Modemansteuerung. Ursprünglich Entwicklung der Firma Hayes. Inzwischen _der_ De-Facto-Standard, von dem aber nahezu jeder Modemhersteller mehr oder weniger abweicht. Alle Befehle beginnen mit AT, daher heißt er auch AT-Befehlssatz. Ist so weit verbreitet, daß sich der genormte V.25-Standard kaum durchsetzt.

Header — Verwaltungsinformation, die einem Datenpaket, einer E-Mail oder einem news-Artikel hinzugefügt wird, um den Transport zu gewährleisten. Vergleichbar mit einem Adreßaufkleber auf einem Postpaket. Header gibt es aber auch in anderen Bereichen und bezeichnet jeweils eine Kopfinformation, die über den eigentlichen Daten angebracht wird.

host — Bezeichnung für einen Rechner im Netz. remote host: der entfernte Rechner, mit dem eine Verbindung aufgebaut werden soll. local host der eigene Rechner, mit man eine Verbindung zum remote host aufbauen will.

HTTP — Hyper Text Transfer Protocol

IAB — Das 'Internet Architecture Board' ist für die technische Weiterentwicklung der Internet-Protokolle zustndig.

IETF — Die 'Internet Engineering Task Force' koordiniert langfristige technische Entwicklungen im Internet.

InterNIC — Bezeichnung der Stellen, die registrieren oder Datenbank- oder Informationsservice anbieten.

INXS — Das Projekt 'Internet eXchange Service' des Internet-Providers ECRC (European Computer-Industry Research Center) steht in direkter Konkurrenz zu DE-CIX. Vorzussetzung für die Teilnahme ist, daß der Internet Service Provider von RIPE als 'Local Internet registry' für die Top-Level-Domain 'de' anerkannt ist. Außerdem muß die Firma Mitglied im IV-DENIC sein und mit mindestens zwei weiteren Anbietem einen kostenlosen Datenaustausch vereinbaren.

IP
Internet-Protocol, ein verbindungsloses Protokoll zur Verbindung von Rechner im Netz. Es setzt auf der Hardware-/Treiberebene auf und enthält im Header seines Datenpakets die IP-Adressen von Absender und Empfänger.

IP-Adresse
Eine IP-Adresse besteht aus vier Bytes (Zahlen zwischen 0 und 255), die durch Punkte getrennt sind, zum Beispiel 193.96.28.72. Die Zahlen identifizieren (nicht direkt ablesbar) das Netz und die Unternetze sowie den Computer selbst. Üblicherweise adressiert man nur programmintern mit IP-Nummern. An der Oberfläche erscheinen statt dessen Klartextnamen. Die Zuordnung von Namen zu Adressen übernimmt der DNS. IP-Adressen werden für verschiedene Netzklassen vergeben.

IPP
Die Bezeichnung 'Internet Presence Proivder' entstand erst mit der zunehmenden (kommerziellen) Spezialisierung der angebotenen Dienste im Internet. Die bekanntesten Dienstleistungen sind sicherlich die Entwicklung und Gestaltung von Infomationssystemen für das World Wide Web. In Deutschland sind die meisten IPP zugleich ISP und POP.

IRC
Internet Relay Chat. Erlaubt Online-Unterhaltung im Internet.

ISDN
Integrated Services Digital Network, "Dienstintegrierendes Digitales Netz", ein öffentliches Digitalnetz sowohl zur Daten- als auch zur Sprach- und Bildübertragung.

ISLN
Integrated Services Local Network, ein lokales Hochgeschwindigkeits-Netz sowohl für Daten, als auch Sprache und Bild, eine Art Miniatur-ISDN.

ISO
International Standardisation Organisation, Internationale Normungsorganisation. Internationales Gegenstück zur staatlichen Normungsinstituten wie ANSI oder DIN.

ISOC
Die 'Internet Society' koordiniert die technische Weiterentwicklung des Internet und umfaßt als Organisaüonen auch die IAB, IETF Und IRTF.

ISP
'Internet Service Provider' sind die Firmen oder Institutionen, die Teilnetze des Internet betreiben. Das Internet besteht also aus den Netzen der einzelnen ISPS. Jeder ISP versucht, für einen reibungslosen Austausch mit den Netzen der anderen Anbieter zu sorgen. Lokale Zugangspunkte zum Internet, also die Knoten für die Einwahl zum Ortstarif, betreiben in der Regel die PoPs.

ITU	International Telecommunication Union, Internationale Normungsorganisation.
IV-DENIC	Der 'Interessenverbund Deutsches Network Information Center' setzt sich aus bundesdeutschen Internet-Anbietern zusammen. Mitglieder sind unter anderem ECRC, EUnet, NTG/Xlink, Contrib.Net, MAZ und Nacamar.
Klammeraffe	Das Zeichen "@" (Code dezimal 64, ASCII). Steht als Trennzeichen in E-Mail-Adressen. (english ausgesprochen: at.)
knowbot	Programm zur eigenständigen Informationsrecherche im Netz.
Mailbox	englisch für Briefkasten. Im deutschen Sprachraum als "Übersetzung" von BBS gebraucht. Überall sonst die Datei, in der die Mail des Users gespeichert wird.
Mailfolder	Das elektronische Postfach. In dieser Datei werden alle eingehenden E-Mails gesammelt. Es gibt den aktuellen Mailfolder, den received-Folder, in dem die gelesenen E-Mails abgelegt werden, und dann kann man sich noch diverse andere Folder anlegen, in denen man seine E-Mails thematisch oder nach Absendern organisiert, um den Überblick zu behalten.
Mailingliste	Eine E-Mail Adresse, hinter der keine Person, sondern eine Liste von anderen E-Mail Adressen steht. Verteiler haben den Vorteil, daß die Adresse gleich bleibt, während die Adressaten wechseln können. Außerdem sind mit einer Adresse viele Personen gleichzeitig erreichbar.
mailreflector	Eine E-Mail Adresse, die an sie gerichtete E-Mail zurückschickt oder an eine definierte Liste von Adressen. Dient als Prüfeinrichtung für E-Mail Verkehr.
Modem	Abkürzung für "MOdulator und DEModulator", d.h. ein Gerät, das den Bitstrom des Computers in analoge Signale umwandelt, die dann auch über das Telefonnetz übertragen werden können (Modulation). Das Partner-Modem macht die Umwandlung dann wieder rückgängig (Demodulation).
moderiert	Usenet newsgroups können moderiert sein, das bedeutet, kein Artikel kommt sofort ins Netz. Ein Moderator, eine gewählte Person, sichtet die Artikel und setzt sie dann ins Netz. Die Auswahl ist aber nicht inhaltlicher Natur (nur wüste Beschimpfungen werden aussortiert), sondern soll lediglich verhindern, daß ein Thema mehrfach oder von der eigentlichen Themenstellung der newsgroup abweichend diskutiert wird. Moderatoren können jederzeit abgesetzt werden.
MUD	Multi-user Dungeon. Phantasy- und Rollenspiele, die über das Internet mit anderen Teilnehmern gespielt werden kön-

	nen. Im größten MUD spielen einige Tausend Menschen miteinander gleichzeitig. Es gibt verschiedene MUD-Server.
Multiplexer	Einrichtung, die einen schnelleren Datenkanal in mehrere langsamere Kanäle aufteilt.
MX	MaileXchange Record. Ein Eintrag in Transportsoftware-Konfigurationen, der Hinweis darauf gibt, über welchen Rechner eine bestimmte Nachricht gehen muß, damit sie beim eigentlichen Adressaten ankommt. MX ist auch ein Rechner, der stellvertretend für einen anderen Rechner Daten entgegennimmt.
Netzklassen	Die Netzklasse ist abhängig von der Anzahl der innerhalb einer Firma oder anderen Einrichtung an das Internet angeschlossenen Computer. Man unterscheidet zwischen den Klassen A, B und C: Ein Netz der Klasse C erlaubt die Zuweisung von maximal 255 Adressen (zum Beispiel 193.96.28.1 bis 193.96.28.255). Die B-Klasse quadriert die mögliche Anzahl der an das Internet angeschlossenen Computer einer Firma (193.96.1.1. bis 193.96.255.255). Die A-Klasse faßt bis zu 16581375 adressierte Computer: (193.1.1.1 bis 193.255.255.255). Aussichten auf die Zuteilung eines A-Netzes haben nun extrem große Firmen - DEC oder Debis zum Beispiel. Kleine bis mittlere Firmen bekommen vor dem Aufstieg in eine höhere Klasse mehrere Netze einer niedrigeren zugeteillt.
NIC	'Network Information Center' koordinieren weltweit die Vergabe von IP-Adressen und Domainnamen. Oberste Instanz für das Internet ist das von der Firma Network Solutions betriebene InterNIC. Dieses delegiert die Aufgabe für jede Top-Level-Domain (in den USA z. B. 'com', 'edu', 'mil', 'gov'; ausserhalb der USA Landesbezogen, z. B. 'de', 'it', at#, 'fr') an eine Unterorganisation, in Deutschland an das DE-NIC. (http://www.internic.net und http://www.de-nic.de).
NOC	Network Operations Center. Die Gruppe der Netzverwalter in einem (lokalen) Netz.
NNTP	Net News Transport Protocol
Online-Zugang	Der eigene Computer simuliert ein Terminal und der Kontakt zu einem anderen Rechner wird über eine Wähl- oder Standleitung hergestellt. Mit einem Terminalprogramm gewinnt man dann eingeschränkte oder volle Kontrolle über den entfernten Rechner. Dazu muß die ganze Zeit eine Verbindung geschaltet sein und offen stehen.
OSI	Open Systems Interconnection, Sammlung von Standards der ISO zur Kommunikation zwischen Computersystemen.

OSI/ISO-Modell Modell zur Datenübertragung zwischen Computersystemen. Es beschreibt sieben aufeinander aufbauende Schichten mit definierten Aufgaben und Schnittstellen.

peer-to-peer Netzarchitektur, bei der jeder Rechner gleichberechtigt ist und alle Aufgaben für das Netz übernehmen kann. Gegensatz zum client-server-Modell, bei dem jeder Rechner spezifische Aufgaben hat.

POP Als 'Point of Presence' bezeichnet man die 'Zweigstellen' eines ISPS, die ihn vor Ort vertreten. Je nach ISP können die PoPs Tochterfirmen oder unabhängige Wiederverkäufer sein.

POP3 "Post Office Protocol". Ein Verfahren, seine E-Mail auf einem Host zu lagern und bei Bedarf über eine PPP-Verbindung abzurufen.

Port Schnittstelle zur Kommunikation.
1. Hardware: RS 232 (seriell), V.24, etc.
2. Software: eine Identifizierungsnummer, die angibt, mit welcher Applikation kommuniziert werden soll.

PPP Das 'Point to Point Protocol' regelt wie SLIP die Datenübertragung per serieller Leitung und hat sich als Standard durchgesetzt. PPP erlaubt, Daten mehrerer Netzwerkprotokolle wie IP, Novells IPX und IBMs/Microsofts NETBEUI gleichzeitig zu übermitteln. Dazu kommen Erweiterungen zur Authentifizierung des Kommunikationspartners und zur Überwachung der Qualität des Übertragungskanals. PPP dürfte SLIP mehr und mehr verdrängen.

Protokoll Ein Satz von Regeln und Vereinbarungen, der den Informationsfluß in einem Kommunikationssystem steuert. Kann sich sowohl auf Hardware, wie auf Software beziehen. Wird in der Datenübertragung häufig als Kurzform für Übertragungsprotokoll verwendet.

Protokollstack Durchlaufen der Schichten bei einer realen Datenübertragung. Die Verbindung der einezelnen OSI-ISO-Schichten stellt nur ein abstraktes Modell dar, in Wirklichkeit können die Daten nur auf der physikalischen Schicht transportiert werden. Auf der Senderseite müssen die Daten alle Schichten von oben nach unten durchlaufen, auf der Empfängerseite von unten nach oben.

RFC Request For Comments. Eine Form der Ideenkoordination im Internet. Wenn eine Idee diskutiert werden soll, die eine Netzangelegenheit betrifft (Format, Verfahren, Programm, Hilfetext, etc.), dann wird ein RFC in verbreitet. Darüber wird dann eingehend diskutiert, bis man sich auf eine vorläufige Endfassung geeinigt hat. Diese ist dann bindend für die Anwendungen im Netz. Zu den RFCs gehören auch allgemein erklärende Texte und Dokumentationen. Die RFCs werden laufend durchnumeriert, in der Reihenfolge ihres Erscheinens. Beispiel: RFC 822. Hierin sind alle Einzelheiten geregelt, wie eine E-Mail im Internet auszusehen hat. Internet E-Mails, auch Adressen, müssen mit RFC 822 konform gehen. Die RFCs, einige hundert, können auf einigen ftp-Servern bekommen werden. Eine Archierecherche nach der Zeichenkette "rfc" gibt schnell Aufschluß darüber, wo diese zu finden sind.

RfD   Request for Discussion. Beim Neueinrichten einer Newsgruppe im usenet wird zunächst über Notwendigkeit, Namen, Charta, usw. der Newsgruppe diskutiert. Diese Diskussion sollte dann in einen Wahlaufruf (CfV) zur Abstimmung über die Einrichtung münden.

reply   private Antwort auf einen newsgroup-Artikel oder eine E-Mail Nachricht.

RIPE   'Réseaux IP Européens' nennt sich ein Zusammenschlu8 europäischer Internet-Provider.

Routing   Aufgabe von Software in der OSI-ISO Schicht 3. Mit Routing bezeichnet man den Weg der Datenpakete zwischen den Netzen. Das Internet kennt keine Direktverbindungen zwischen Rechnern. Statt dessen erfolgt der Versand von Daten grundsätzlich in kleinen Paketen und nach Bedarf über verschiedene Zwischensysteme nach Möglichkeit auf dem zum Zeitpunkt günstigsten Weg. Diese Form des Datenverkehrs ermöglicht die hohe Flexibilität und Ausfallsicherheit des Internet.

SLIP   Das 'Serial Line Internet Protocol' dient der Übertragung von IP-Paketen über serielle Leitungen, zum Beispiel Modemverbindungen. Obwohl kein offizieller Standard, ist SLIP sehr verbreitet. Neben seiner Beschränkung auf ein einziges Netzwerkprotokoll (IP) hat SLIP den Nachteil, daß es weder eine Fehlererkennung/-korrektur noch standardisierte Mechanismen zum Austausch von verbindungsrelevanten Daten (IP-Adressen der beiden Teilnehmer etc.) bereitstellt.

smarthost   Der Smarthost ist jener Host, der benutzt wird für die Zustellung von Nachrichten an dem lokalen System unbekannte Rechner oder Domains. (Prinzip: "Was ich nicht kenne, kriegt der nächste!"). Die Einstellung des smarthost ist wichtig für Transportprogramme wie sendmail.

Smiley   Emoticon. Eine Möglichkeit, im Chat, bei E-Mail oder News Emotionen auszudrücken (Kopf nach links neigen, dann sieht man schon...). Einige Beispiele:
:-)   Standard-Smiley. Fröhlichkeit, Spaß, gute Laune
;-)   Augenzwinkern. Ironie
:-)))   Sehr fröhlich. Witzige Bemerkung.

	;-) =) Augenzwinkern und sehr großer Grinsemund
	:- > Sarkasmus
	:-D Lachen, eher noch: Auslachen
	:-/ Unentschieden.
	:-(Unglücklich, traurig.
	:-o Schockiert (Mund vor Schreck offen)
	:-* Oh, oh!
	< :-) Das war eine dumme Frage! (Eselskappe)
SMTP	Simple Mail Transport Protocol.
synchron	Verbindung, bei der neben den Nutzdaten auch ein Taktsignal übertragen wird, so daß auf Start- umd Stoppbits wie bei asynchroner Verbindung verzichtet werden kann. Sie ist dadurch schneller.
TCP/IP	Das 'Transmission Control Protocal' bestimmt, wie Informationen vor dem Versand im Netzwerk in Päckchen aufgeteilt werden. Anschließend übernimmt das 'Internet Protocol' die Zustellung des Päckchens anhand der Zieladresse.
Telnet	Terminalprogramm, das über ein Netz mit einem Rechner kommuniziert.
time out	Wartezeit. Wenn nach einer vorbestimmten Zeitdauer nicht ein erwartetes Ereignis eintritt, wird angenommen, daß der Vorgang fehlgeschlagen ist.
unmoderiert	wenn in einer newsgroup frei geschrieben werden kann, dann heißt sie unmoderiert.
Upload	Das "Hinaufladen" einer Datei vom eigenen Rechner auf den fernen Rechner mit einem Übertragungsprotokoll. Die Umkehrung dieses Vorganges heißt Download.
Usenet	User Network. Verbreitungsgebiet von news.
uucico	unix-to-unix-copy-in-copy-out. Programm zur Übertragung von Daten im Protokoll UUCP.
uucp/UUCP	Unix-to-Unix copy. 1. Name eines Unix Kommandos, das das Kopieren von Dateien zwischen zwei Rechnern erlaubt. 2. (großgeschrieben) Bezeichnung für eine Protokollfamilie.
Veronica	Mit "Veronica" kann man eine Stichwortsuche im Gopherdienst durchführen.
WAIS	wide area information system, ein Internet-Dienst.
white pages	Eine Art "Telefonbuch" für das Internet. Da die "gelbe" Variante dieser Bezeichnung ein geschütztes Warenzeichen ist, wurde hierfür eben die Farbe gelb in weiß umgetauft.
WWW	World Wide Web. Ein Internet-Dienst, bei dem multimediale Hypertext-Dokumente abgrufen werden.
X400	CCITT-Empfehlung für ein message handling system (z. B. Verteilung von E-Mail). Message handling beinhaltet das Versenden, Weiterleiten und Identifizieren von Mitteilungen und Antworten.

A.4 Literaturempfehlungen

A.4.1 Zeitschriftenartikel zum Thema "Internet"

Friedhelm Hosenfeld:
"Keimzelle"
Von EMail bis WWW - die
wichtigsten Dienste des Internet
c't 1994, Heft 10

Kristian Köhntopp:
"Weltweit vernetzt"
Struktur und Dienste des Internet
c't 1993, Heft 2

Oliver Grau:
"Alles integriert"
Informationssurfen im World Wide Web
c't 1994, Heft 6

Dirk Hohndel:
"Software frei Haus"
Anonymous FTP - Die Welt der freien Software
c't 1993, Heft 2

Axel Kossel:
"Support für die Welt"
Was Hersteller auf ihren FTP-Servern anbieten
c't 1994, Heft 9

Holger Reif:
"Netz ohne Angst"
Sicherheitsrisiken des Internet
c't 1995, Heft 9

Dirk Fox:
"Schlüsseldienst"
Kommunikation mit PEM und PGP

c't 1995, Heft 9
Henning Holtschneider:
"Von Pipelines und Strohhalmen"
Der Aufbau des Internet in Deutschland
c't 1996, Heft 1

N. Luckhardt, Ingo T. Storm:
"Ballonrennen"
Java sorgt für viel Bewegung
c't 1996, Heft 2

Svend Back:
"Heißer Kaffee"
Programmieren mit Java
c't 1996, Heft 2

Stefan Mintert:
"Annäherungsversuch"
JavaScript: neue Netscape-Möglichkeiten
iX 1996, Heft 2

A.4.2 Bücher zum Thema "Internet"

Die folgenden Bücher sind auch für die Leser geeignet, die zwar mit Computern vertraut, aber keine 'Gurus' sind. Sie sollen einen schnellen Einstieg bieten. Zur Vertiefung gibt es dann zahlreiche andere Titel.

Wolfgang Sander-Beuermann:
"Internet kurz und fündig"
Verlag Addison Wesley

Levine/Baroudi:
"Internet für ~~Dumme~~ Anfänger"
iwt - Thomson

Maxwell/Grycz:
"Internet Y.....Pages"
Verlag Markt & Technik

Scheller/Boden/Geenen/Kampermann:
"Internet: Werkzeuge und Dienste"
Springer-Verlag

Mathias Nolden:
"Internet Quick & Easy
Sybex-Verlag

Paul Gilster:
"Der Internet-Navigator"
Hanser-Verlag

Schönleber/Keck:
"Internet Handbuch"
Franzis-Verlag

Peter Klau:
"Das Internet"
iwt - Thomson

Frederik Ramm:
"Recherchieren und Publizieren im World Wide Web"
Vieweg-Verlag

Harald Lux:
"Der Internet-Markt in Deutschland"
dpunkt-Verlag

Robert Tolksdorf:
"Die Sprache des Web: HTML 3"
dpunkt-Verlag

A. Beutelspacher, J. Schwenk, K.-D. Wolfenstetter
Moderne Verfahren d. Kryptographie
Vieweg-Verlag

W. Stallings:
Datensicherheit mit PGP
Verlag Prentice Hall

G. J. Simmons (Herausgeber):
Contemporary Cryptology
IEEE Press, New York 1992

W. Fumy, H. P. Rieß:
Kryptographie
Oldenbourg-Verlag

A.4.3 Bücher zu den Themen "WWW" und "HTML"

Mary E. S. Morris:
"HTML - WWW effektiv nutzen"
Heise-Verlag

S. Münz/W. Nefzger:
"HTML 3.0 Referenz"
Franzis-Verlag

Uwe Bergmann:
"WWW Anbieten und Nutzen"
Hanser-Verlag

Andrew Ford:
"Spinning the Web"
Thomson Publishing

Larry Aronson:
"HTML Manual of Style"
Ziff Davis

Ian S. Graham:
"HTML Sourcebook"
John Wiley & Sons

Laura Lemay:
"Teach Yourself Web Publishing with HTML in a Week"
Sams Publishing

Andrew Ford:
"Spinning the Web"
Thomson Publishing

A.5 Sachregister

A.6 Der Autor

Prof. Jürgen Plate wurde am 8.6.1952 in München geboren. Er studierte
an der TU München Informatik und ist seit 1989 Professor für Datentechnik
im Fachbereich Elektrotechnik der Fachhochschule München. Seine Lehr-
gebiete reichen von der Mikrocomputertechnik über Datenfernübertragung
und Rechnernetze bis hin zu Betriebssystemen. Daneben ist er seit 1985 zu-
sammmen mit anderen Drehbuchautor und Moderator der Fernsehsendung
"Computertreff" des Bayerischen Fernsehens.

Auch privat ist er schon seit Jahren in Mailboxen und im Internet anzu-
treffen und so ist es kein Wunder, wenn er Firmen bei den ersten Schritten
im Bereich Datenfernübertragung, Netzwerke und Internet berät. Vor seiner
Zeit an der FH hat er als selbständiger Fachübersetzer und Redakteur sowie
als Entwickler von Computer-Hard- und Software gearbeitet. Heute beschränkt sich seine Nebentätigkeit auf Schulungen und Beratungen.

Der Autor schreibt seit 1981 Artikel und Fachbücher über Programmie-
rung, Computergrafik, Betriebssysteme und Kommunikationstechnik und ist
Vorstand des Fördervereins Informationstechnik und Gesellschaft e. V.
(FITUG, *http://www.fitug.de/*).